I0391731

157

HENRI BOUCHOT

CONSERVATEUR DU DÉPARTEMENT DES ESTAMPES

UN ANCÊTRE

DE LA

GRAVURE SUR BOIS

ÉTUDE SUR UN XYLOGRAPHE

TAILLÉ EN BOURGOGNE VERS 1370

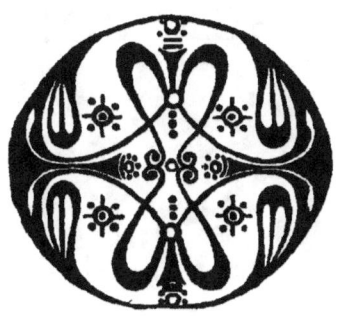

PARIS

LIBRAIRIE CENTRALE DES BEAUX-ARTS

ÉMILE LÉVY, ÉDITEUR

13, RUE LAFAYETTE, 13

1902

UN ANCÊTRE

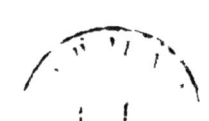

DE LA

GRAVURE SUR BOIS

MÂCON, PROTAT FRÈRES, IMPRIMEURS

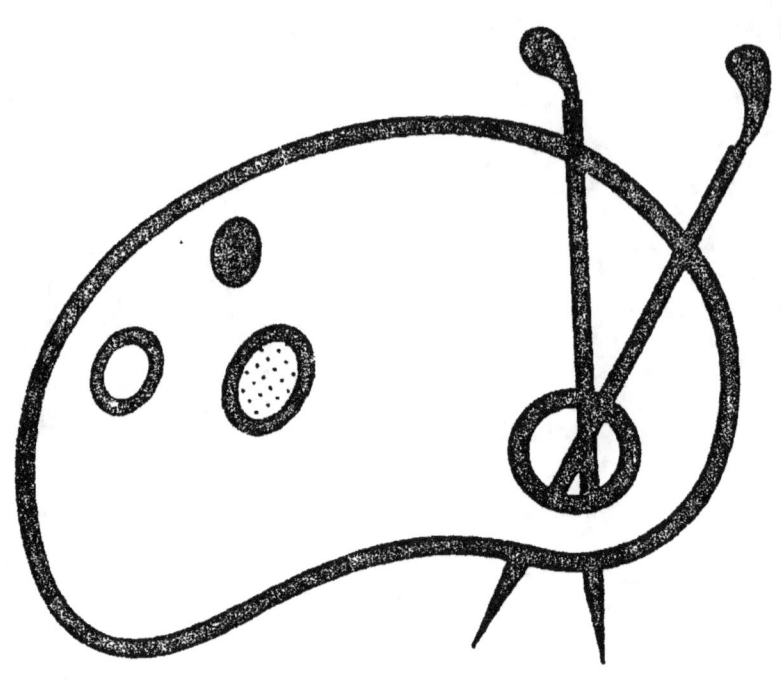

Original en couleur

NF Z 43-120-8

HENRI BOUCHOT

CONSERVATEUR DU DÉPARTEMENT DES ESTAMPES

UN ANCÊTRE

DE LA

GRAVURE SUR BOIS

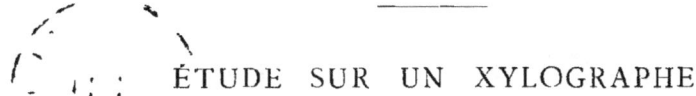

ÉTUDE SUR UN XYLOGRAPHE

TAILLÉ EN BOURGOGNE VERS 1370

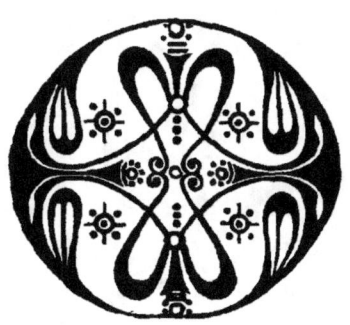

PARIS

LIBRAIRIE DE L'ART ANCIEN ET MODERNE

ÉMILE LÉVY, ÉDITEUR

13, RUE LAFAYETTE, 13

1902

A MES COLLÈGUES

DE L'EXPOSITION DE LA GRAVURE SUR BOIS

ET

A M. ÉMILE PICOT

MEMBRE DE L'INSTITUT

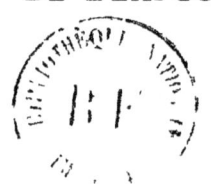

MAI 1902

AVANT-PROPOS

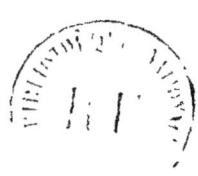

Nous allons tenter de reconstituer l'état civil d'un bois gravé, d'un xylographe qui, d'après les présomptions les plus valables, nous paraît être l'ancêtre, ou tout au moins le père des plus anciennes gravures sur bois déterminées jusqu'à ce jour. Ceci reviendrait à dire que cette planche constitue, pour la taille en relief — dont la fortune a été si extraordinaire depuis — une relique, aussi précieuse en soi, que pourrait l'être le premier Donat, les premiers caractères mobiles de Gutenberg, la première épreuve de taille-douce ou la première pierre lithographique de Senefelder, avec cette nuance, toutefois, que notre xylographe n'est sûrement pas le premier exécuté dans le monde, comme on aura occasion de s'en convaincre; mais il reste le seul témoin retrouvé de tentatives nombreuses anéanties aujourd'hui. Il a été découvert en compagnie d'autres, par malheur effacés, à proximité de l'ancienne abbaye de La Ferté-sur-Grosne, dans le département de Saône-et-Loire, et, depuis, acquis par M. Jules Protat, imprimeur à Mâcon; si ce collectionneur passionné consent jamais à s'en dessaisir, il donnera droit de préférence au Cabinet des Estampes. Cette promesse m'autorise à publier ce travail; je voudrais que cette vieille épave bourguignonne reprît dans les hiérarchies artistiques de l'Europe la place qui lui paraît revenir de droit; elle nous fournit, en tous cas, des éléments de critique d'autant plus précieux

qu'ils sont à peu près uniques dans le genre. La question des origines intéresse tout le monde, l'Allemagne surtout où l'on compte les spécialistes les plus éclairés, Lippmann, Schreiber, Schmidt, Lehrs, Hirth, Muther, Graul. Des hommes comme eux comprendront vite que mes constatations au sujet de certaines erreurs de Passavant ou d'autres s'expliquent par une sincère intention de faire œuvre scientifique. Quant au désir de revendiquer, pour les pays romans contre les pays germaniques, certaines priorités, ce qui pourrait sembler un peu naïf dans l'instant, je ne ferai en somme que répondre aux tendances non moins naïves des vieux iconographes allemands Heinecken, Bartsch ou Passavant, lesquels ont fait du point de vue germain le credo irréductible de leurs opinions et de leurs croyances.

Rien n'a étonné davantage les chercheurs que l'obscurité impénétrable des premiers temps de la gravure. Depuis l'abbé de Marolles en 1666, — au temps où Labruyère raillait aimablement la manie des collectionneurs d'estampes, — le nuage ne s'est pas beaucoup dissipé. Il se devait pourtant que l'esprit allemand, analyste et classificateur, exerçât pour la première fois ses moyens spéciaux de compilation sur cette question. Chez nous il y avait eu Mariette, mais cet amateur génial, s'il avait beaucoup vu, beaucoup deviné et surtout beaucoup confié à des oreilles attentives, n'avait rien « mis en livre ». Heinecken, qui a fait de bonne besogne, mais qui n'avait qu'une science limitée profita largement des opinions françaises sur la plupart des points. Son Idée générale d'une collection d'estampes, publiée en français, montre l'obligation, où se trouvait l'érudition naissante, de se faire comprendre en tous lieux. La France était en effet le seul pays d'Europe où l'on eût donné une place à la « curiosité » dans les travaux d'histoire rétrospective. Encore, ne la tenait-on que pour une infime part, que pour un « délassement » et l'homme qui s'y donnait pour un « heureux oisif ».

Le point de départ fut donc assez modeste, mais le livre d'Heinecken pro-

duisit certainement un mouvement en Europe. On s'avisa qu'une idée, capable de produire de si gros ouvrages, ne pouvait qu'être fort importante, et comme la plupart des souverains ou des grands seigneurs possédaient un Cabinet d'estampes, on parla de ces choses avec plus de considération. Toutefois, les sentiments les plus honorables de patriotisme germain, retrouvés dans le livre d'Heinecken, eurent une grande influence dans les directions ultérieures, parce qu'ils se manifestèrent les premiers. Ses rangements empiriques, surtout en ce qui touche aux incunables de la gravure, devinrent assez vite paroles d'évangile. Une chose ressort des opinions émises par lui, continuées et amplifiées par ses successeurs Bartsch, Weigel, Heller ou Passavant, c'est que probablement les Allemands connurent ces arts avant quiconque. Le bruit, modeste au début, prit une consistance d'autant plus forte que les travaux allemands, embrassant, dans leur encyclopédie, tous les pays voisins, condamnaient les spécialistes de ces pays à se servir des idées allemandes. Pas un livre, paru en France dans le XIXᵉ siècle, et signé des noms les plus respectés en iconographie, n'a osé entreprendre la révision des données fournies dans ces véritables Bibles. Du moment où les grands érudits allemands avaient prononcé, et puisqu'ils s'agenouillaient eux-mêmes devant Raphaël et faisaient honneur au grand art de tradition, on ne pouvait que se conformer à leurs dires. La seule coquetterie qu'on osât se permettre, de temps à autre, c'était de contredire, mais bien humblement, une des énormités produites dans leur doctrine.

*Il faut leur rendre cependant la justice à laquelle ils ont droit; ils furent essentiellement des « débrouilleurs », des rapprocheurs. Dans le chaos, ils tentèrent des groupements, et Mariette leur fut d'un secours dont on n'a pas dit l'importance. Mais il en était alors ce qu'il en est aujourd'hui; ce ne sont pas toujours les inventeurs qui triomphent et priment, ce sont les exploiteurs de l'idée, ceux qui lui donnent un corps tangible et en tirent un bénéfice moral ou matériel palpable. Avant la publication de l'*Abecedario *de Mariette* *par mon regretté maître et ami Anatole de Montaiglon, lui aussi un intuitif génial et prodigieusement informé de toutes choses, les savants allemands occupèrent seuls la place. On les écoutait si respectueusement que, même s'ils opinaient, par hasard, dans un sens opposé à leurs théories coutumières, leurs disciples ne voulaient rien entendre et restaient dans la voie.*

*Une de leurs principales opinions sur la question des origines, c'est que la gravure, l'*ESTAMPE *commence avec la première impression, que le bloc gravé, le moule, le cliché, sur lequel le tirage s'opère, ne vaut pas, pour l'étude, le moindre chiffon de papier ou de parchemin sur lequel on l'applique après l'avoir enduit d'encre. D'où, pendant un siècle, cette tendance curieuse de toute une classe de savants recherchant avec passion l'objet créé et dédaignant l'objet créateur. Je ne dirai pas ici le mépris des iconographes pour la table de bois ou de cuivre, ni, en ce qui regarde le bois, l'effrayante destruction implicitement consentie par l'insouciance des intéressés. Au lieu que ces planches devinssent le premier élément de leurs études et leur apportassent tant de renseignements guettés péniblement sur le papier de l'épreuve, ils l'évitèrent de parti pris. Certains curieux, un peu considérés comme « étranges » s'avisèrent bien de réunir les épaves des xylographes. M. de Liesville recueillit pour sa part un nombre assez respectable de pièces modernes en ce genre, offertes par lui à la Ville de Paris, et préalablement imprimées dans un album. Mais les musées se sont désintéressés de ces riens. Cluny, si riche en jetons, en bois sculptés, ne possède guère de bois gravés anciens, ni le Louvre, ni le Cabinet des estampes. Il est bien tard aujourd'hui pour revenir sur des tendances aussi peu en rapport avec nos besoins modernes d'études et de recherches. La plupart des xylographes ont disparu, brûlés, cassés, ou mangés des vers. Ce qu'ils pouvaient nous apprendre sur les origines d'un art qui a fait écrire tant de livres est à jamais perdu. Je souhaiterais que ce qui va suivre suggérât aux conservateurs des musées et aux collectionneurs le sentiment d'accueillir les rares débris qui leur en pourraient être présentés, que* *l'État autorisât le conservateur de son Cabinet d'estampes à prendre ceux qu'on lui offrirait, et à leur destiner une salle particulière.*

La présente étude n'est qu'une préface, un avant-propos au travail d'ensemble que nous allons publier sur les incunables xylographiques du Département des Estampes de notre Bibliothèque nationale. Cet ouvrage, qui contiendra 200 planches, sera sur le plan du livre de M. Schmidt publié à Nuremberg chez Soldan, mais avec texte à part. La plupart de nos pièces ont été décrites et cataloguées par Schreiber, dans son Manuel, reprises d'après lui par M. Georges Duplessis mon prédécesseur, et récemment inventoriées par les soins de mon jeune et actif collaborateur, François Courboin, dans son Catalogue de la Réserve [1]. Bien que déjà informés de nombreux changements à opérer dans les classifications des érudits allemands, nous avons tenu à conserver dans ce catalogue leur numérotation d'ensemble et leurs références. On a même poussé le scrupule et le respect de leurs opinions jusqu'à leur abandonner des pièces que tous ne reconnaissaient et ne pouvaient reconnaître pour leurs, témoin la Vierge de Lyon, découverte par M. Michel Hennin dans la première moitié du XIXᵉ siècle, et cédée au Cabinet des estampes avec quelques pièces d'un jeu de cartes, en 1832. Les raisons que nous fournirons contre l'attribution de cette estampe à l'Allemagne convaincront, nous le voulons espérer, les plus réfractaires. Mais, comme nous avons cherché à l'indiquer ci-après, nos raisonnements s'appuieront sur d'autres bases que celles des papiers, des encres ou des coloris, causes fréquentes d'erreurs. Nous grouperons entre elles une trentaine de pièces sorties du même lieu, probablement taillées par les mêmes mains, dont les caractères intrinsèques et extrinsèques sont essentiellement français d'origine. Il se trouve que ces pièces sont en nombre au Cabinet de Paris, que toutes ont été cédées à la Bibliothèque, en deux fois, par M. Hennin,

---

1. François Courboin. *Catalogue des gravures et lithographies de la Réserve.* Paris, Rapilly, 1900-1901, 2 vol. in-8.

entre *1832* et *1839*, qu'elles proviennent, pour une majeure partie, de Lyon ou de la région. Nous chercherons à démontrer que certaines marques, aperçues sur quelques-unes d'entre elles, sont bourguignonnes ou champenoises, que diverses particularités très écrites, leur fournissent un lien commun indiscutable, et que tout s'accorde à les faire remonter au XIVe siècle. Peut-être aurons-nous à parler aussi du célèbre saint Christophe de *1423*, et à lui reconnaître une parenté moins germanique qu'on ne l'a dit. En tout cas, nous relèverons, sans aigreur, certaines sollicitations de probabilités par trop évidentes, comme le saint Bénigne dijonnais devenu saint Cassien, saint Bernard avec les armes de Clairvaux, dont on fait celles de l'abbaye d'Ebrach en Allemagne. Ce sont là des riens, mais ils valent d'être dits, quand ils ne serviraient qu'à montrer combien l'apparente crédulité de nos compatriotes cache plus d'insouciance que de naïveté.

[cachet de bibliothèque]

UN ANCÊTRE

DE LA

GRAVURE SUR BOIS

I

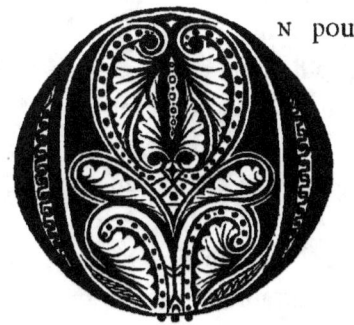

Lettre du manuscrit de Laon, gravée et imprimée au XIIIe siècle.

N pourrait croire qu'après les travaux si consciencieux et si avisés de savants comme Heinecken[1], Bartsch[2], Sotheby[3], Passavant[4], Schreiber[5], Dutuit[6] ou Schmidt[7], sans parler de moindres, la question des origines de la gravure sur bois fût à jamais classée. Certains d'entre ces érudits ont épuisé toutes les sources d'informations, mais se sont prudemment retranchés derrière les faits acquis, ou du moins reconnus par leurs prédécesseurs, sans oser plus; d'autres, comme M. Otto Weigel[8] ou M. Schmidt, ont résolument rompu

1. Heinecken. *Idée générale d'une collection d'estampes*, Leipzig, 1771, et *Neue Nachrichten*, Dresde, 1786.

2. Adam Bartsch. *Le Peintre graveur*, Vienne et Leipzig, 1803-21. 21 vol. in-8º, 2e édit., Leipzig, 1854-70.

3. Samuel Leigh Sotheby. *Principia typographica. The Block-books, or xylographic delineations of scripture history, issued in Holland, Flanders and Germany... in connexion with the origin of printing.* Londres, 1858, 3 vol. in-fol.

4. Passavant. *Le Peintre graveur.* Leipzig, 1860-64, 6 vol. in-8º.

5. W. L. Schreiber. *Manuel de l'amateur de la gravure sur bois et sur métal au XVᵉ siècle.* Berlin, 1891-1893, 3 vol. in-8º. (Plus 3 vol. de planches.)

6. Eugène Dutuit. *Manuel de l'amateur d'estampes.* Paris, 1881-88, 6 vol. in-4º.

7. W. Schmidt. *Die frühesten und seltensten Druckdenkmale des Holz-und Metallschnittes.* Nuremberg Soldan, in-fol. (s. d.).

8. Otto Weigel und A. Zestermann. *Die Anfange der Druckerkunst in Bild und Schrift.* Leipzig, 1865, 2 vol. in-4º.

avec les timidités un peu hiératiques de l'ancienne école et se sont mis à dater, par approximation, nombre de pièces jusqu'alors ignorées ou méconnues. Pour les uns et les autres, toutefois, la priorité des Allemands dans la pratique de la taille en relief n'est pas discutable. Tout au plus les esprits les plus libéraux consentent-ils à accorder aux Flamands une part tardive. Les Français, eux, sont relégués au plein xvᵉ siècle, lorsque tout est définitif et établi chez leurs glorieux voisins. L'affirmation n'est point aussi crûment lancée, mais les moindres arguments concourent à lui donner cette base d'un patriotisme un peu simple, tel qu'on n'eût pas manqué de le railler venant de nous ¹. Il faut dire que nos écrivains spéciaux n'ont jamais sérieusement envisagé l'hypothèse d'une contradiction, et se sont assez facilement leurrés de faits prétendus prouvés. Même ayant à leur disposition quelques moyens de discussion fort appréciables, ils les ont ignorés ou dédaignés, un peu à la légère. Une circonstance fortuite, la trouvaille près de l'ancienne abbaye de La Ferté-sur-Grosne, dans le département de Saône-et-Loire, d'un bloc de noyer gravé en relief, en apparence fort vénérable, a contraint de reviser à son profit les éléments de critique officielle. Pour établir, ou mieux, reconstituer un état civil à ce monument extraordinaire, on a dû comparer entre elles et discuter les opinions reconnues, et l'on s'est convaincu très vite que, sur ces questions, comme en tout, le *mot d'évangile* est un terme essentiellement discutable et perfectible. Par grand hasard, le bois dont il s'agit permet les constatations archéologiques, les rapprochements utiles, et se peut dater avec plus de vraisemblance que non pas les épreuves sur papier de Weigel ou de

---

1. *Quellen und Forschungen zur Vaterlandischen geschichte Literatur und Kunst.* Wien, 1849.
A ces travaux importants et spéciaux il faut ajouter :
— Derschau. *Holzschnitte alter deutscher Meister in den originalplatten gesammelt von H. A. Derschau ; her. von R. Z. Becker.* Gotha, 1806-1816, 3 parties in-folio.
— Hirth-Muther, *Meister Holzschnitte aus vier Jahrunderten... von G. Hirth und Richard Muther.* Munich, 1889-91, in-4°.
— Dibdin (Thomas). *A Bibliographical antiquarian and picturesque tour in France and Germany.* Londres, 1821, 3 vol. in-8°, 2ᵉ édit. Londres, 1829.

Schmidt. Quant aux lois formulées par Passavant ou par Schreiber au sujet de l'ancienneté d'une œuvre, il en a victorieusement subi le contrôle. Le fait d'avoir été découvert non loin d'une abbaye cistercienne, fille de Cîteaux, lui confère un titre authentique dans la hiérarchie des incunables. Pour le reste, on a voulu échafauder une conviction sur des clauses valables et formelles. On pourra invoquer contre lui l'absence de date; or les dates du *Saint Christophe* de lord Spencer, de la *Vierge* de Bruxelles sont loin d'être admises aujourd'hui. Une image de sainteté naïve et banale, portant un millésime, est une chose tellement en dehors des faits habituels, et on pourrait dire, de la vraisemblance et de l'utilité, qu'on en vient à douter très vite et à soupçonner une supercherie ou une interpolation. Dans l'espèce, ces dates ne valent que si d'autres considérations les viennent fortifier et confirmer. Le bois original trahirait l'encochage ultérieur, l'insinuation après coup; l'épreuve sur papier ne laisse rien paraître.

Discuter un tirage sur papier, c'est se livrer le plus souvent à une investigation décevante [1]; ce papier est même, pour les très vieilles estampes, la plus assurée cause d'erreur. Le papier est-il allemand, on en infère volontiers que le travail est allemand et que le tirage s'est fait en Allemagne. Ceci serait rigoureusement vrai si nos voisins n'avaient colporté leurs papiers dans toute l'Europe, si les Néerlandais et les Français aussi n'eussent fabriqué que pour leur consommation. Or, dans la pratique courante, un bois taillé à Paris peut très bien s'être imprimé sur une feuille venue de Lyon, de Cologne, ou même de Bavière. Il y a plus; un bois, travaillé en 1400, est parfois tiré vingt

---

1. Je ne contredirai pas l'opinion émise par Schreiber, t. III, n° 2430 de son *Manuel de l'amateur de gravures sur bois*, lorsqu'il trouve, dans un tirage, la preuve que les graveurs commençaient par sertir le trait d'un petit fossé isolateur. Cet accident ne deviendrait important, au point de vue des déductions à en tirer, que si nous nous trouvions en présence du cliché original. Une preuve : Le bois dont nous nous occupons est gravé au revers, et ce revers porte un fond semé de losanges et de quartefeuilles. Si nous n'avions qu'une épreuve nous serions portés à croire que ces décorations ont été produites par des estampilles.

ou trente ans plus tard. On cite un papier marqué P et Y (Philippe et Ysabelle, duc et duchesse de Bourgogne) qui ne peut avoir été fabriqué avant la date du mariage de ces princes, soit 1429; or le bois est manifestement d'une époque un peu antérieure [1]. La présomption tirée d'un filigrane n'est donc jamais que bâtarde et singulièrement périlleuse. Au contraire le bloc taillé, le *cliché*, la *forme* se livre mieux. Ce bois raconte son histoire, il la dit par l'essence dont il est, par le travail dont il est chargé, par son état, par son revers même. Si le graveur du bois de La Ferté a employé le noyer, c'est que le pays où il opérait lui en fournissait plus facilement que du poirier; c'est peut-être aussi parce que son art, dans l'enfance, ignorait le poirier plus dense, moins quinteux, moins noueux surtout [2]; s'il a ménagé son trait fort large, fort précis, c'est qu'il en destinait le tirage à des impressions moins fines que ne sont les images sur papier. Le fait de l'avoir également travaillé au verso prouve, jusqu'à l'évidence, qu'en ce moment on ignorait la presse brutale qui eût écrasé l'une des deux faces soumises à la pression. Supposons une épreuve sur papier de cette planche, nous ne saurions ni la matière employée, ni la façon, ni la particularité si importante du revers entaillé. Un élément d'erreur nous viendrait de la feuille, laquelle eût été aussi bien d'Allemagne que de France. Le dédain des érudits à l'égard des planches originales est donc inattendu et fort inexplicable. Or ils n'en font guère compte; tout au plus les mentionnent-ils, s'il échoit, sans beaucoup de commentaires, tel ce bloc d'une Apocalypse, publié par Dibdin et qui appartenait à lord Spencer [3];

1. Cet exemplaire de l'*Ars moriendi* avait appartenu à Mariette, qui le datait 1440, à cause des deux initiales, sans tenir compte des costumes, ni de différentes circonstances sur lesquelles on appelle l'attention des iconographes; c'est l'édition B. de Heinecken, aujourd'hui à l'Exposition de la Bibl. Nat. n° 14.

2. On pourrait ajouter que, très vraisemblablement, il travaillait le noyer pour des meubles avant de le faire servir à une gravure.

3. C'est le bois de la 2e planche d'une Apocalypse qu'on dit inconnue, mais qui me paraît, d'après la reproduction de Dibdin, être une des dernières. Sotheby a publié ce bois dans son t. II. Quant à Dibdin, il l'a donné dans la *Bibliotheca Spenceriana*, t. II. Comme date, Dibdin estime 1420-1430. Sotheby reporte à beaucoup plus tard. C'est ici un travail de 1440 environ.

telle cette crucifixion au revers de laquelle on a gravé un saint Christophe et qui se trouve à Aix-la-Chapelle dans l'instant [1].

En bonne et avisée critique, la plupart des probabilités proposées par M. Schmidt, afin d'établir une hiérarchie d'âges parmi les incunables de Munich [2], resteront des suppositions; de même les plus habiles inductions de Weigel [3]. On aura beau étudier avec Sotheby la matière du papier, ses filigranes, le coloriage des figures, rapprocher et comparer leur art, — leur métier si l'on veut — à celui d'autres œuvres, il manquera toujours le fait décisif. Même une date bien marquée nous gêne, comme nous disions plus haut, parce qu'on a, au moins une fois, constaté le « rhabillage » d'une planche, c'est-à-dire l'insinuation après coup d'une cheville sur laquelle on remet autre chose [4], et que la date a toujours pu être rapportée ultérieurement. Au

1. Voir Schreiber, *Manuel*, nos 2896 et 2941. J'aurai occasion de parler tout à l'heure de cette pièce et de la correspondance *préventive* qu'elle m'a value.

2. Dr W. Schmidt. *Die fruhelten... Denkmale des Holz-und Metalschnittes.* Nurnberg, in-fol. M. Schmidt s'est défendu d'être l'auteur de certaines attributions hasardées.

3. O. Weigel. *Die Anfänge der Druckerkunst,* 2 vol. in-fol.

4. L'exemple que nous allons citer à l'appui de cette opinion est relativement récent; il y avait deux cents ans que l'on taillait le bois, lorsque se passa le fait qui nous paraît concluant; mais la pratique des graveurs sur bois, comme celle de la plupart des arts, n'a guère varié d'un siècle à l'autre. Il se pourrait donc très bien que les tailleurs d'images au XIVe ou au XVe siècle eussent opéré de la même manière.

En 1573, le duc et la duchesse de Nevers, Louis de Gonzague et Henriette de Clèves, ont décidé une fondation de bourses en faveur de filles pauvres. Pour donner plus d'importance à leur action 'généreuse, ils avaient souhaité en publier un livre, où leurs portraits gravés sur bois rediraient aux bénéficiaires les traits de leurs bienfaiteurs. En 1577, l'ouvrage s'imprime, mais il y a eu des accidents. L'intendant du duc lui écrit pour lui faire part de ses mécomptes. Un peintre chargé de refaire le portrait mal venu s'est enfui; on souhaiterait que le duc vînt à Paris: « ce serait, dit l'intendant, une merveilleuse « commodité... nous pourrions faire *ancrer une petite pièce de bouys* (buis) *dans la planche,* « et vous y faire portraire par ledict anglois... et par mesme moien en faire retirer aussi « un autre de Madame, pour aultant qu'il est impossible qu'en ceste si menue besogne « *le poirier dont est ladite planche,* réussisse si bien à la taille comme le bouys qui est plus « dur » (Henri Bouchot, *La préparation et la publication d'un livre illustré au XVIe siècle.* Bibl. de l'Ecole des Chartes, t. LIII, 1892). Le document original cité est au ms. 4538, fol. 175 du fonds français au Département des mss. de la Bibliothèque nationale.

Le tirage existe dans les exemplaires conservés aux imprimés de la même bibliothèque, vélins no 999. On constate très bien l'apport du buis, surtout dans le portrait de la duchesse. Ce document précis donne à penser que les anciens graveurs n'en étaient point à ignorer

contraire, le bois de la collection Spencer, mieux étudié, nous fournirait des éléments de critique. Nous connaîtrions sa constitution
physique; nous verrions ce que porte l'envers, nous pourrions mesu-
rer la profondeur des entaillements et de l'évidage, et juger des outils
qui servaient à le travailler. Le fait, aujourd'hui reconnu, d'une fraude

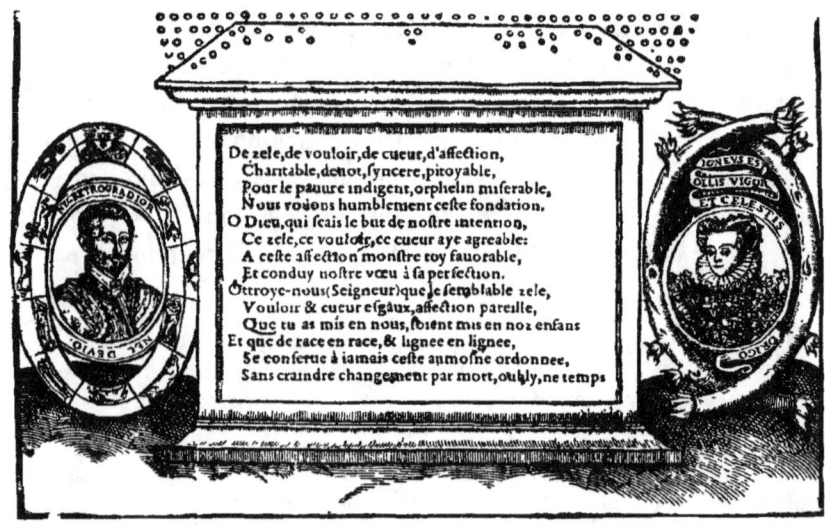

De zele, de vouloir, de cueur, d'affection,
Charitable, deuot, syncere, pitoyable,
Pour le pauure indigent, orphelin miserable,
Nous vouons humblement ceste fondation.
O Dieu, qui sçais le but de nostre intention,
Ce zele, ce vouloir, ce cueur aye agreable:
A ceste affection monstre toy fauorable,
Et conduy nostre vœu à sa perfection.
Ottroye-nous (Seigneur) que le semblable zele,
Vouloir & cueur esgaux, affection pareille,
Que tu as mis en nous, soient mis en noz enfans
Et que de race en race, & lignee en lignee,
Se conserue à iamais ceste aumosne ordonnee,
Sans craindre changement par mort, oubly, ne temps

Le duc et la duchesse de Nevers. Bois rhabillé pour le portrait de droite. B. N. Imprimés vélins, n° 999.

tentée par les premiers graveurs, d'une tricherie de praticiens ou de
religieux, nous permet d'attendre, *a priori*, quelque maladresse, une
hésitation, une naïveté dont l'épreuve sur papier ne laisserait rien
apparaître[1]. Le bois découvert près de La Ferté en dit fort long à ce
sujet; il trahit d'étonnantes puérilités, puérilités de pratique, enten-
dons-nous, et non pas d'art, car le dessinateur des figures avait de la

ces procédés. La date mise sur un vieux bois ne vaudrait donc que dans le cas où un
document, comme celui cité plus haut, nous fournirait une preuve, ou mieux encore, si
nous possédions le cliché original. Hors de ces circonstances tout est douteux.

1. Les Allemands ont une spécialité de truquage constatée par M. Schreiber. J'en citerai
un fort curieux à propos d'une pièce de Tegernsee; j'en soupçonne un autre dans un
saint Bernard avec les armes de Clairvaux, portant un nom de graveur *ierg haspel ze
Bibrach*. Ce nom a dû être mis après coup sur l'épreuve de Vienne, au moyen d'un cachet.

main et un très beau sentiment des contours et des lignes. Par contre le graveur travaillait le bois au couteau, comme un berger, avec les audaces d'un charron, *on eût dit à la hâte et en cachette.*

Pour la vieille école des érudits de l'iconographie, de tels éléments n'avaient qu'une valeur de renseignement à côté. Leur religion était révélée; la date du *Saint Christophe* de lord Spencer suffisait à leurs besoins d'érudition et d'esthétique. M. Henri Delaborde avait bien tenté de reporter à 1406 une estampe criblée de son département, on lui avait très vite discuté le chiffre[1]. Quant à la *Vierge* de Bruxelles portant le millésime de 1418 en lettres gothiques, Passavant l'avait déclarée déchue du premier rang, à cause d'une prétendue lettre L devant le XVIII qui eût donné 68 au lieu de 18[2]. Naturellement il est très délicat de prendre parti dans la question, puisque nous avons affaire à un tirage, et que le papier ne peut dire plus qu'on ne lui en livre, mais la *Vierge* de Bruxelles une fois reléguée, c'est l'Allemagne qui arrive en tête avec un 1423 authentique et indiscutable, car on a cru reconnaître l'Allemagne dans ce travail, sans nulle preuve, même morale[3]. Ici ce n'est pas l'estampe qui vaut, c'est sa date, et pas un des innombrables copistes de Passavant ou de Bartsch ne s'est avisé que, dans la circonstance, une date est aussi peu de chose que possible. L'allure générale de l'œuvre, sa ligne, les costumes qui y sont représentés, jusqu'à la sauvagerie du procédé ont une bien autre importance; car il est rare qu'une œuvre graphique, si médiocre soit-elle, ne tienne, par quelque signe extérieur, aux travaux d'art supérieur contemporains. Nous avons vu des érudits, MM. Didot et Dutuit entre autres, s'aviser de comparer les éditions de l'Apocalypse aux

1. *Notice sur deux estampes de 1406 et les commencements de la gravure en criblé* (*Gazette des Beaux-Arts*, 1869, t. I, p. 238 et suiv.).

2. Nous avouons ne pas partager absolument l'opinion de Passavant au sujet de cette pièce intéressante; la date 1418 n'est pas impossible en soi, bien que l'extrême plissé des étoffes semble ramener sa composition à une date plus voisine de 1430.

3. N'est-il pas singulier qu'on songe à l'Allemagne quand le saint s'appuie justement *sur un palmier*, un vrai palmier, vu par l'artiste! J'aurai occasion de discuter le bien fondé de cette opinion dans la publication que je prépare sur les xylographes du Cabinet de Paris.

manuscrits; leur tort est de n'avoir pas fait de ces rapprochements
la base absolue de leur argumentation. Le plus souvent, au nom de
la bibliographie, on les trouve embourbés dans des confrontations

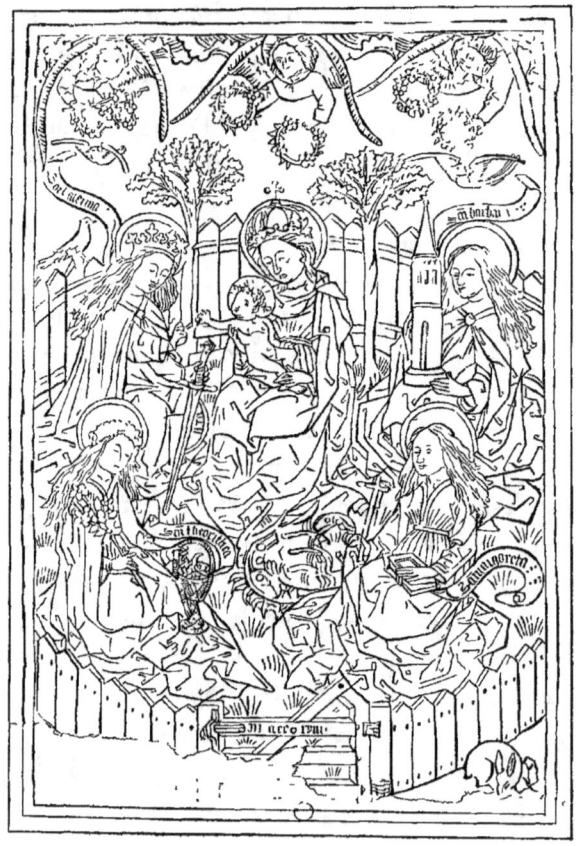

La Vierge de Bruxelles, dite de 1418.

de papiers et d'écritures; ils comptent le nombre de queues des
bêtes de l'Apocalypse, sans admettre définitivement qu'une ou deux
planches, dans toutes les éditions, peuvent servir mieux à classer, à
dater, grâce à l'armure des anges de l'Euphrate (que les artistes
modestes remettent à la mode de leur temps, avec une précision et

une conscience infinies) ou l'écriture du texte, copiée sur celle des manuscrits d'alors[1]. Il s'ensuit que, pour le moindre coup d'œil jeté sur les classifications empiriques de Heinecken ou de Sotheby à ce sujet, et en opposant leurs conclusions aux affirmations contemporaines des manuscrits ou des monuments figurés, on tombe en de véritables surprises. Sans doute, l'étonnement est moindre s'il s'agit de personnages légendaires et restés conventionnels pendant tout le moyen âge, comme les saints, le Christ, la Vierge, mais aussi le débrouillage, l'approximation d'époque sont rendus bien plus diffi-

---

1. Il n'est pas sans curiosité de donner ici un aperçu des propositions faites sur ce sujet depuis plus d'un siècle — elles commencent avec Heinecken en 1771 — par les divers savants qui ont essayé d'établir un classement dans les Apocalypses. Heinecken en fait naturellement une conception allemande, sans la moindre discussion, ce qui ne manque pas d'en imposer. Passavant enchérit et donne la première édition de l'Apocalypse aux artistes de la Haute Allemagne, *parce que le style artistique est celui de ces contrées*. Et pour affirmer et appuyer son dire, il cite les coloriages que Heinecken regarde comme les plus anciens, lesquels sont sûrement allemands. En vérité, voici qui est singulier : un raisonnement définitif, basé sur une affirmation, laquelle ne s'appuie sur rien. Lorsque pour donner une vraisemblance à ses affirmations, Passavant parle de manuscrits en dialecte haut allemand rencontrés en certaines éditions de l'Apocalypse, il ne nous dit pas que celles-là sont les dernières, les pires, et que depuis plus d'un quart de siècle, la première court le monde, montrant les costumes franco-bourguignons de ses guerriers, l'écriture de nos manuscrits, les abréviations particulières de nos contrées. Survient Sotheby, savant anglais. Les opinions antérieures sont aussitôt reniées par lui, il détruit les prétendus classements d'Heinecken, et relègue au cinquième rang — très justement d'ailleurs — la première édition de l'érudit allemand. Sur ces ruines, Sotheby édifie ; il fait de la quatrième de Heinecken la première et la donne aux Pays-Bas. Pourquoi aux Pays-Bas ? Parce que tant de gens ont répété que la Flandre avait exécuté les premiers xylographes que Sotheby se croit un peu tenu d'en faire cas. Comme raison de ce choix, quelques arguments tirés de l'élégance du dessin, de l'originalité de la composition, sans rien de plus. Ensuite c'est M. Chatto qui, dans son *History of art engraving*, trouve aux Apocalypses xylographiques un lointain rapport avec l'art grec, et il suppose qu'un Grec, chassé de Constantinople, a apporté en Europe le thème de ses compositions après 1453. M. Didot, lui, trouve des manuscrits et les compare, il en tire quelques conclusions d'ailleurs sans nulle sanction pratique. M. Dutuit a analysé, classé, discuté ce qu'avaient dit les autres, mais il n'a point fourni beaucoup d'arguments. Nul n'a songé aux costumes, aux écritures, à des faits qui bouleversaient encore le classement, mais cette fois, avec une apparence de raisonnement scientifique. L'opinion de M. Didot, qui n'est pas éloigné de voir des bois français dans la première édition, est sûrement la plus rapprochée de la vraisemblance, seulement pourquoi ajoute-t-il que ces *œuvres sont italianisées* ? C'est donc le chaos, mais les opinions de Heinecken et de Passavant sont sûrement les plus extraordinaires, de toutes celles proposées sur la question.

ciles. Ceci revient donc à répéter que toutes les dates appliquées par
O. Weigel à ses images, ou par M. Schmidt aux incunables de

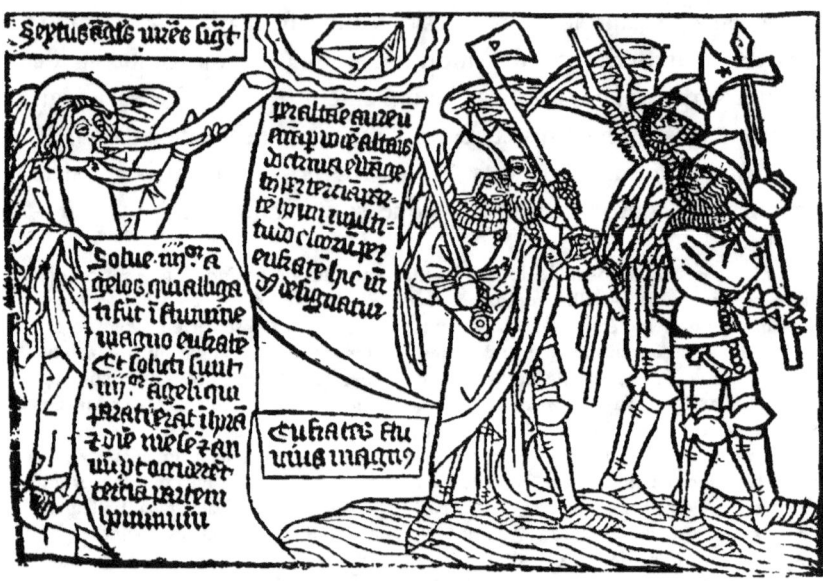

Apocalypse. 1ʳᵉ, 3ᵉ éditions de Sotheby (Flandres, vers 1400). Les Anges de l'Euphrate.

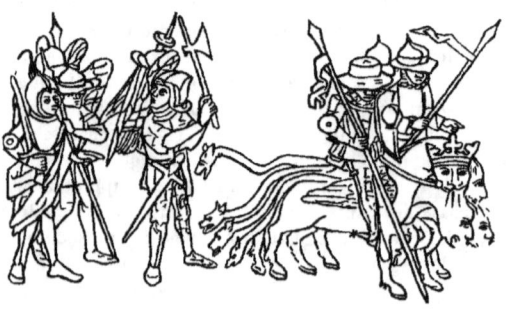

Apocalypse 4ᵉ édition. Les Anges de l'Euphrate, vers 1430.

Munich, manquent de
points utiles à la déter-
mination, puisque la
grande majorité sont
des piétés naïves. Chez
Weigel, je ne vois que
le *Saint Georges* dont
on puisse parler et
discuter à peu près
sûrement[1]. Le saint est devenu un cavalier de la fin du XIVᵉ siècle,

1. Otto Weigel. *Die anfange der Druckerkunst.* Leipzig, 1866, t. I, nº 14. S. Georg zu
Pferde, 1375-1400. Weigel fait de cette pièce une gravure sur métal, ce qui paraît possible,
à cause des bavochages de l'encre.

contemporain de la première édition de l'Apocalypse franco-bourguignonne, dans le style des anges de l'Euphrate. Il en a le cos-

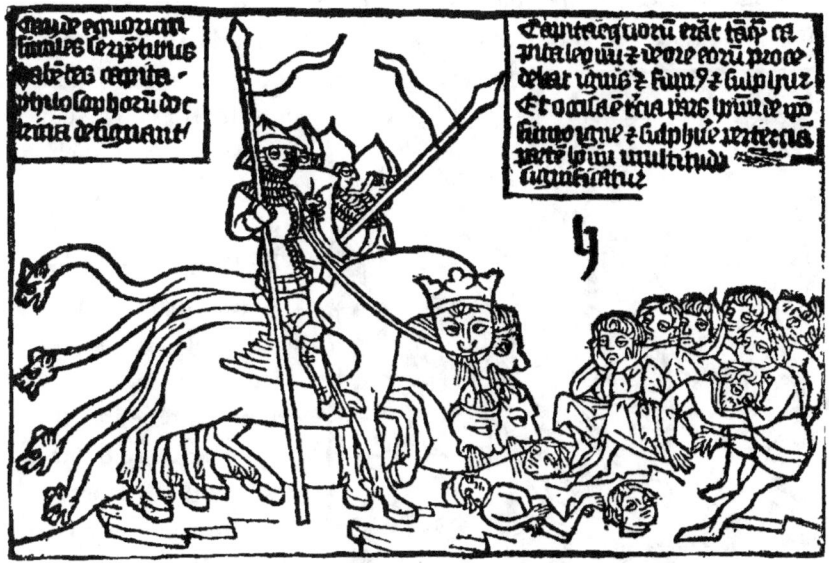

Apocalypse. 1re, 3e éditions (Flandres, vers 1400). Les Anges de l'Euphrate.

tume, l'allure guerrière,
les harnois de bataille.
Disons 1380-1400, si
nous comparons ces
besognes aux sculp-
tures, aux manuscrits,
aux peintures de cette
fin du XIVe siècle [1].

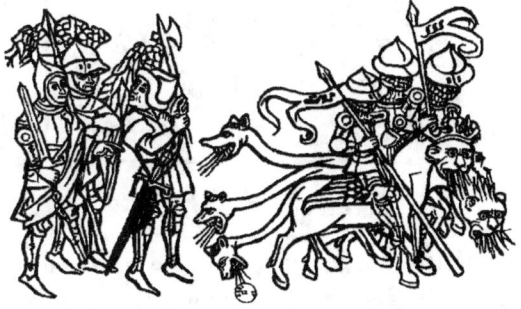

Apocalypse. 5e édition. Les Anges de l'Euphrate, vers 1450

Passavant qui a vu
certaines de ces pièces, ne peut disconvenir, à leur endroit, d'une

1. Nous aurons plusieurs fois à faire intervenir cette édition de l'Apocalypse dans le
courant de ce travail. On pourra se servir, pour la comparaison, de la planche de l'édition
classée troisième par Sotheby et reproduite par E. Dutuit. *Manuel de l'Amateur d'Estampes*,
(Planches). *Bibl. Nat.* Exposition nº 9. 5e édit. de Heinecken.

antériorité sur le *Saint Christophe*, mais on lui sent, dans ces excursions en dehors de la fameuse date, une prudence particulière. Sans doute il accorde que, dans une estampe, le fait d'être taillée en contours simples, de montrer des plis d'étoffe sans brisures et sans ombres, inscrit une présomption en faveur de son ancienneté. Comme il lui faut reconnaître que le *Saint Christophe* n'a pas toutes ces qualités, loin de là, il consent à admettre comme œuvres antérieures un certain nombre d'images traitées dans la manière sobre et apaisée de l'art quattrocentiste. Malheureusement les pièces ainsi reconnues sont à peu près toutes de la classe impersonnelle des piétés, sans âge et sans sexe, on peut dire. Que

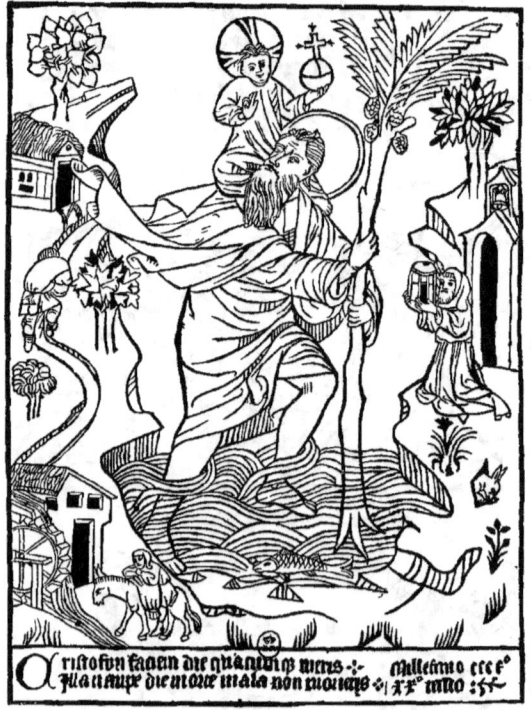

Le saint Christophe de 1423. Collection de lord Spencer.
(Le saint s'appuie sur un palmier).

Passavant trouve, en quelqu'une d'entre elles, un ressouvenir des travaux de Théodore de Prague, c'est peu, encore que la constatation indique une érudition prodigieusement avertie. Un *Saint Jérôme* est donné par lui au XIVe siècle, parce qu'il est « de proportions dans le style de ce siècle ». Or, ce ne peut être que le style allemand, puisqu'on a trouvé le saint collé sur la couverture d'un manuscrit du XIVe siècle, près de Dantzig. Pour une seule estampe, du Cabinet de Paris, Passavant nous paraît mieux inspiré. Il sait que

M. Hennin l'a découverte à Lyon, dans la reliure d'un manuscrit, avec quelques cartes d'un jeu ; il la croit française et assez ancienne, peut-être même *du XIVe siècle*. Il n'en fait pas valoir les raisons, qui cependant méritent qu'on les dise[1]. Mais telle était autrefois l'impression causée par les travaux de Bartsch et de Passavant sur certains auteurs, que l'on voit M. Henri Delaborde faire de cette *Vierge* une pièce allemande[2], et M. Georges Duplessis la conserver sous cette étiquette dans le catalogue de la Réserve des Estampes préparé par lui pour cette partie[3]. Donc les spécialistes qualifiés du xixe siècle ne cédaient qu'à regret sur la question du xive siècle, parce que la plupart d'entre eux ne connaissaient que le quattrocentiste italien, assez éloigné du flamand, de l'allemand et du français. Bien peu regardaient les admirables sculptures de nos cathédrales, ou les miniatures de nos manuscrits, indispensables aux relations. Ils admettaient l'existence des cartiers au xive siècle, et cela, il le fallait, puisque certaines mentions concernant ces praticiens avaient été récemment publiées. Passavant convenait que des moines avaient été connus à Ulm à la fin du xive siècle, comme de bons graveurs en bois ; il citait même Frowin, le moine estampilleur d'Einsielden, au xiie siècle. Mais, pour lui, on le sent, ces mentions appartenaient plus à la littérature qu'à l'érudition sincère.

1. Le type de cette Vierge debout ne se retrouve guère dans les sceaux ni dans les représentations figurées, peintures ou sculptures, qu'à partir de 1300 ; on le voit sur le sceau de l'abbaye de la Vie en Poitou (1303). Dans la 2e moitié du xive siècle apparaît la niche gothique (Sceau de Saint-Flour en 1379). Or cette niche gothique se retrouve dans notre gravure, elle est même identique à celle de la Vierge de N.-D. du Puy-en-Velay reproduite dans une estampe de Leclerc (*Bibl. Nat.*, Estampes, Rc. 36a.) La madone a aussi, comme allure de vierge, beaucoup de ressemblance avec N.-D. de Moutiers-en-Tarentaise. De plus notre image a, pour fond, un fretté en damier, et ces fonds sont toujours le signe d'une ancienneté assurée. La couronne est aussi du xive siècle, et française ; elle est fort élevée, dans sa tenue générale. Un type de sceau fort rapproché de cette vierge est celui de Jeanne de France, reine de Navarre en 1336 avec l'édicule gothique, la couronne et l'habillement (Demay, *Cost. d'après les sceaux*, p. 105, in-4°, 1880). Il n'est pas très douteux que la pièce soit lyonnaise, ou tout au moins de la région, et qu'elle ait été trouvée à son lieu de naissance par M. Hennin.

2. Le Vicomte H. Delaborde. *La Gravure*, p. 26.

3. *Cat. de la Réserve du D^t des Estampes*, publié par M. Courboin, n° 360.

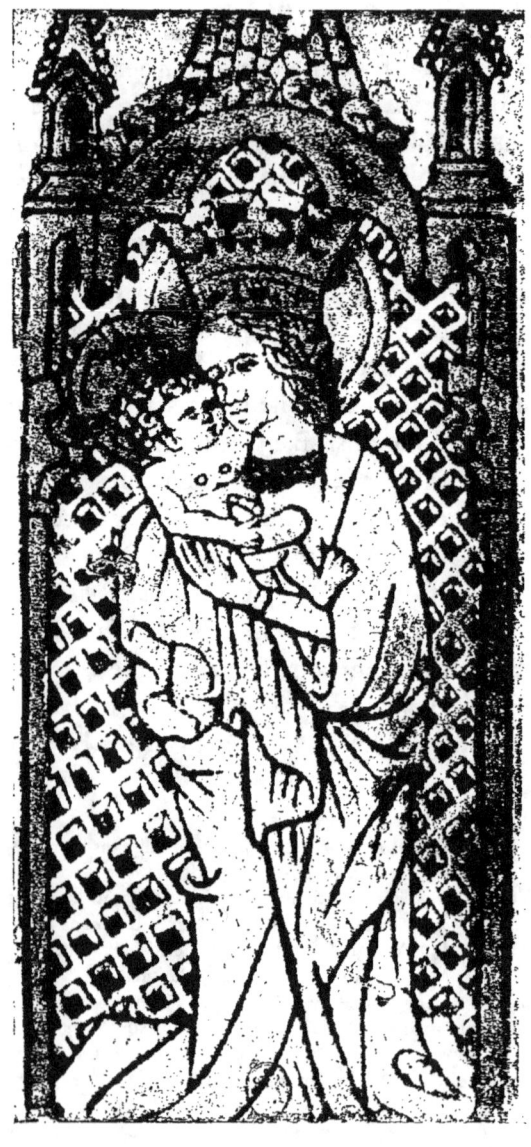

La Vierge, dite de Lyon. B. N. Estampes nº 360.

Pourtant cette pratique de l'épargne sur bois ou sur métal, même celle du *Saint Christophe*, avait eu un commencement, et ce commencement ne s'était pas produit en coup de foudre, car ce n'est guère ainsi que les inventions procèdent. Maso Finiguerra trouvant, par hasard, le secret du tirage en taille-douce, est une jolie fable dans le genre de celle de Dibutade inventant le dessin, et qu'on s'étonne de voir encore citée[1]. Avant le *Saint Christophe*, avant la *Vierge* de Bruxelles, avant les éditions les plus anciennes de l'Apocalypse, même avant ce que Weigel pouvait dater de plus antique dans le nombre

1. La question paraît avoir été définitivement tranchée par les travaux de Milanesi (*L'Art*, 1883, t. I, pp. 221-23) et de Dutuit, *Manuel de l'Amateur d'estampes*, t. I, p. 8 et suivantes.

de ses estampes, on possédait le secret de graver à l'envers un relief
destiné à être reproduit à l'endroit par impression. On n'imagine pas
que les graveurs de sceaux, artistes si habiles, et souvent géniaux,
que les graveurs de fers pour reliures, que les orfèvres ou estampilleurs eussent ignoré ce moyen de reproduction facile et de multiplication d'une image[1]. Et je ne parle même pas des tombiers qui,
eux aussi, taillaient la pierre, le cuivre ou le bois, en épargne ou en
creux, à longueur de journée, et ne manquaient pas d'en éprouver
l'effet par une application à l'envers sur pâte[2]. Il ne saurait donc être
douteux un instant que la pratique manquât, mais la diffusion du procédé, disons les *tirages* ne se pouvaient produire pour des raisons
purement sociales. Les syndicats ouvriers d'alors, connus sous le
nom de *maîtrises*, veillaient avec un soin jaloux sur leurs privilèges.
Il eût fait beau voir qu'un tailleur de sceaux ou un tombier, pour le

1. Passavant reconnaît ces faits d'ailleurs, mais comme pour lui, l'estampe, c'est-à-
dire le tirage sur papier semble passer avant tout, il se contente de les produire sans
chercher plus.

2. Il faut mentionner un fait jusqu'à ce jour peu remarqué et qui semblerait démontrer
que les tombiers possédaient dès 1320 des jeux de caractères mobiles, soit en creux comme
des matrices de sceaux, soit en relief comme ceux de Gutenberg. M. de Guilhermy qui
a publié dans le tome I, p. 26 de ses *Inscriptions de la France*, la plaque funéraire de Girard
de Courlandon, dont les caractères en onciales ont un énorme relief sur une plaque de
plomb, imagine que ces caractères ont été obtenus par une application vigoureuse de la
matrice en creux sur la matière, de telle sorte que celle-ci serait allée embrasser l'intérieur
du moule et y prendre sa forme. Ses remarques sont basées sur l'inégalité des lignes, le
chevauchage de certaines lettres ; rien n'est plus juste. Seulement, pourquoi, au lieu de ce
travail lent, pénible et peu sûr, qui produisait des inégalités sur la surface entre les caractères — et on ne remarque pas ces inégalités — l'ouvrier n'aurait-il pas obtenu par des
estampilles en relief sur bois, telles *celles de Vauclerc*, une empreinte dans une terre réfractaire,
et n'y eût-il pas coulé le plomb ? Pour moi, l'opération a été ainsi produite ; ce qui semble le
prouver, c'est l'impossibilité où on eût été d'insinuer les signes de ponctuations entre deux
lettres comme il le fait. Si la matrice était celle d'un sceau, elle était au carré, et alors elle
aplatissait *au carré* dans une surface donnée, le métal environnant. Le moyen de produire
alors, sur ce métal aplati, un relief équivalent à celui de la lettre proche, si proche, qu'elle
touche littéralement les points ? Et cela est plus sensible encore pour une croix, au début
de l'inscription, laquelle empiète littéralement sur la lettre H qui suit. Au contraire l'hypothèse du caractère en relief, avec empreinte, explique toutes ces contradictions appa-
rentes. Je livre ce curieux problème à la sagacité des spécialistes, car la lettre mobile, en
relief à l'envers, en 1320, est une révélation un peu inattendue (voir plus loin la note 3
de la page 29 ci-après). L'inscription est à l'église N.-D. de Paris.

cuivre, qu'un huchier pour le bois, s'avisassent de produire une
image à bon marché et à nombre indéfini, lorsque les peintres enlu-
mineurs-imagiers avaient boutique, payaient l'impôt, instruisaient
leurs apprentis, et poursuivaient avec la dernière rigueur les fraudeurs de toute catégorie[1]. Quant aux essais de fraudes, nous en avons
au moins deux preuves ; l'une qui nous est fournie par Seroux
d'Agincourt, l'autre par M. Édouard Fleury, frère de Champfleury,
érudit fort éclairé, artiste lui-même, et l'un des grands imprimeurs

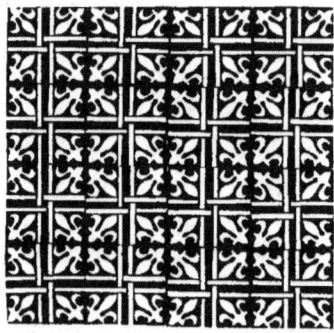

Tuileaux de Vauclerc.
Dessin original d'Édouard Fleury.

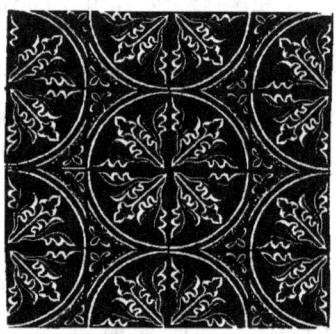

Tuileaux de Vauclerc.
Dessin original d'Édouard Fleury.

du département de l'Aisne. Tous deux ont constaté la présence de
travaux d'impression en relief sur des manuscrits du xiiie et du
xive siècles; et ce fait, capital pour l'histoire de la gravure sur bois et
du caractère mobile, personne n'a daigné jusqu'aujourd'hui lui donner la place qu'il mérite. Pourtant l'affirmation de Seroux d'Agincourt
date de 1823 et celle de M. Édouard Fleury de 1863, il y a dans
l'instant tout près d'un demi-siècle de la dernière.

Dans son IIIe volume de l'*Histoire de l'Art*, à la page 85 du texte,
Seroux d'Agincourt rencontre, dans un Sénèque d'origine anglo-fran-
çaise, conservé au Vatican et qui peut dater des commencements
du xive siècle, la trace indiscutable de répétition dans les lettres

1. Voir, dans le *Livre des métiers* d'Étienne Boileau, les statuts des imagiers.

initiales. Le corps de chaque caractère reste le même exactement dans ses lignes. Lui ne prononce pas formellement sur la question épineuse d'impression ou de patron, il ne parle pas de foulage[1]. Mais M. Édouard Fleury, dans ses remarquables études sur les manuscrits de la bibliothèque de Laon[2], aperçoit sur une *Grammaire* de Papias du XIIIᵉ siècle, et sur les *Commentaires* d'Origène, environ de la même date (ms. 106), de grandes majuscules en couleur, *tirées à l'aide d'une planche gravée en relief*; or ce manuscrit a été exécuté en France, à l'abbaye de Vauclerc[3]. M. Fleury, qui a imprimé lui-même, qui est un dessinateur et un graveur habile,

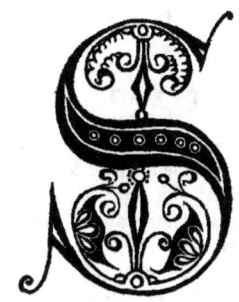

Lettre du manuscrit de Laon.
Caractère gravé au XIIIᵉ siècle.

s'étonne un peu de sa découverte et la pousse. Il remarque, au verso de ces lettrines, un foulage d'impression qui atteint jusqu'à un millimètre d'épaisseur. Il constate les bavochages de l'encre trop liquide au recto des lettres, et certains empâtements, produits à la surface de la gravure par la mauvaise distribution de la couleur à l'eau.

1. Je croirais volontiers, sauf erreur, que les pièces signalées par Seroux d'Agincourt étaient des estampilles, dans le genre de celles d'Einsielden autrefois découvertes par le Dʳ de Liebenau, dans le ms. 305, et attribuées au moine Frowin du XIIᵉ siècle. Le Dʳ de Liebenau qui, dans une lettre au Dʳ Boehmer, parle de nombreux manuscrits où il aurait observé cette particularité, n'y remarque pas le foulage, ce qu'il n'eût pas manqué de faire, bien que, sur les parchemins, la constatation soit assez délicate. Passavant accorde à cette découverte allemande une certaine considération, mais elle ne vaudrait que dans le cas où la trace d'impression, de pression plutôt, serait aperçue (*Le peintre graveur*, I, 17-18).

2. E. Fleury. *Les Manuscrits de la Bibliothèque de Laon*, 2 vol. in-4°, 1863.

3. Vauclerc, dép. de l'Aisne, arrond. de Laon, canton de Craonne. L'église de l'abbaye est en ruines, mais M. E. Fleury y a relevé de nombreux carreaux de pavage émaillés, obtenus, comme la lettre des manuscrits, par des impressions de moules en relief. Les moules qui donnaient ces empreintes étaient fragmentaires; un quart de cercle, un demi-fleuron, etc., qui, par le rapprochement, formaient des cercles complets et des fleurons symétriques. Ces carreaux sont du XIIIᵉ siècle, bruns, à décoration jaune. (Dép. des Estampes, Vᶜ 140a. 14. fol. 53. Voir aussi H. Bouchot : *Catalogue de la collection Fleury*, n° 1123, Paris, Hachette, 1887.) Comme ces divers travaux se tiennent, il n'est pas impossible que l'abbaye de Vauclerc ait possédé un secret de travail, et comme un centre de ces travaux de taille en relief. Il faut se rappeler ici l'âpreté que les anciens couvents de moines mettaient à produire plus que les maisons rivales.

En tant que dimensions et formes, ces lettres répétées tombent exactement dans les mêmes limites, elles ne sont point douteuses. Au patron elles n'eussent pas fourni un foulage ni surtout les empâtements *grumelés*[1].

1. M. Fleury n'a d'ailleurs pas attendu les révélations à propos du ms. d'Einsielden pour faire remarquer la trace de patrons — ou d'estampilles? — sur divers mss. de la bibliothèque de Laon nos 38, 97, 121, 299 et 328. Il dit, après avoir constaté l'étrange ressemblance de formes, de dimensions entre les lettres initiales de ces livres et les avoir retrouvées dans d'autres du viiie siècle : « Les copistes d'alors semblent avoir répudié toute « invention et ne vouloir s'avancer que dans un parti pris ; on dirait qu'ils ne possèdent « qu'un poncif pour eux tous, que le dessin créateur du genre n'a plus été que calqué « indéfiniment et longtemps » p. 22. Ces manuscrits de Laon sont donc bien antérieurs à ceux d'Einsielden. Voici dans ses termes propres, ce que dit M. Fleury des lettres estampillées : « On a constaté déjà la ressemblance parfaite des majuscules de certains manu-« scrits de l'époque carolingienne et même des xie et xiie siècles. Ces initiales n'étaient pas « seulement imitées les unes des autres, mais si servilement copiées (et j'en ai fourni des « exemples frappants dans ma première partie) qu'on en a conclu, non seulement qu'on « les reproduisait par des calques, mais que des écrivains appartenant sans doute à des « corporations *qui les faisaient voyager*, portaient ici et là des plaques métalliques découpées « à jour, où la plume des calligraphes n'avait plus qu'à suivre les linéaments du patron » (voir Fleury, mss. de Laon, 1re partie, pp. 22, 32, 42, 47, 83). Ceci est au moins une preuve que les calligraphes picards n'avaient point attendu Einsielden pour faire des patrons. Mais le texte de M. Fleury immédiatement référant à l'estampille gravée est celui-ci :

« Le ms. 106, s'il ne témoigne pas de l'emploi du poncif porte l'empreinte d'un procédé « plus direct encore *d'impression mécanique et immédiate*. A sa deuxième page on peut voir « deux lettres, le V et un grand Q, que je puis affirmer presque sans crainte avoir été obtenus « en couleur directement par l'approche d'un caractère gravé à l'envers et en relief comme « nos caractères mobiles d'imprimerie. L'œil est vivement attiré par le creux de la lettre « sur le parchemin, et le doigt complète la démonstration, par la sensation de cette pro-« fondeur, perceptible ainsi par deux sens, la vue et le toucher. Si l'on retourne la page, « le verso est plus probant encore, la saillie des deux lettres, du grand Q surtout, est évi-« dente. Le doigt n'a rien à faire là, l'œil suffit, c'est en termes de typographie le foulage « obtenu sur nos papiers par une pression trop énergique et mal calculée. *Tout le corps* « *de la lettre à l'envers est en tel relief*, qu'on pourrait la dessiner, sans aller au folio de la page « chercher le trait. Le jambage *mince du V à droite fait saillie presque d'un millimètre*! Je « crois donc fermement que ces lettres ont été obtenues par un contre-procédé de patrons « à découpure, c'est-à-dire par la gravure en relief ou d'un morceau de bois ou d'un cube « de métal » (*Ibid.*, IIe partie, pp. 5-6). J'arrête là cette citation qui se compléterait par les signes de bavochages sur le Q, à cause de l'encre à l'eau trop liquide. C'est un imprimeur qui parle, et un savant de premier ordre, averti en toutes choses. Si Passavant avait lu ce passage avant l'impression définitive de son ouvrage — il le pouvait, car le livre de M. Fleury date de 1863 — il aurait sûrement compris que le moine Frowin d'Einsielden en était aux vieux procédés du patron déjà employés sous Charlemagne.

Voilà donc à Vauclerc, en Picardie, des moines très habiles et un peu rusés, qui ont imaginé un moyen commode de rubriquer en peu de temps un gros manuscrit. Sont-ils les inventeurs? Assurément non, puisque les graveurs de sceaux existent et opèrent[1], mais ils ont osé faire en un cloître et pour un cloître, ce que des laïcs se fussent gardés de tenter sous les yeux de l'Université de Paris et sous le contrôle des écrivains jurés. Or nous sommes au

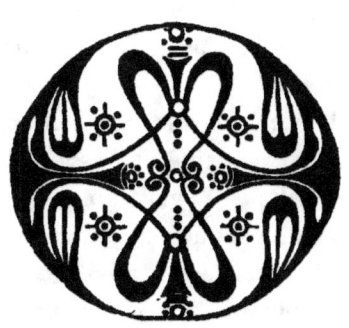

Lettre O de Laon. Caractère gravé.

temps de saint Louis. De ceci aux cartes, aux menues histoires de l'imagerie pieuse, aux scapulaires, c'est un pas. On mettra longtemps à le franchir, à cause des sanctions morales ou matérielles. Morales, puisque pour un moine ce moyen était un acte de paresse qualifiée; matérielles, à cause des peines qu'un simple praticien graveur eût risquées de la part des maîtrises officielles. Mais il faut reconnaître ici que cette invention de la gravure en relief, qu'on a faite si hiératique, si nuageuse, s'annonce simplement. Elle restera embryonnaire, prohibée, parce qu'elle lèse des intérêts considérables et qu'elle ne peut s'imposer dès l'abord. Il faudra le papier et les jeux de cartes pour la tirer de gêne, et lui donner, pour ainsi

Le grand V de Laon. Caractère gravé.

1. Passavant cite le sceau gravé en relief, naturellement d'un Allemand, Jean Plebani, curé de Saint-Maurice d'Augsbourg en 1407, indiqué par Murr, qui le dit gravé sur métal. La gravure sur métal en relief était fort en honneur au xive siècle, il suffit de jeter un coup d'œil sur les *Metallschnitte* de Weigel, t. I de ses *Anfänge der Druckerkunst*, pour s'en convaincre. Les estampilles destinées à la couverture des livres étaient également gravées en relief sur métal, et je croirais assez que certaines pièces de Weigel avaient originairement cette destination, et que les tirages possédés par lui provenaient d'impressions ultérieures tentées par des gens du métier qui en trouvaient les vieux clichés dans les ferrailles.

dire, droit de vie. Par eux, elle passera aux tailleurs des moules, destinés à l'impression sur toile, en vue de produire des sujets religieux à bas prix, des armoiries, des scapulaires ou des ornements d'étoffes [1].

Grâce à Seroux d'Agincourt et surtout à M. Fleury, la mention un peu hautaine de Passavant [2] : « F. Luger laycus optimus incisor lignorum » (Luger, moine lai du monastère de Norlingen 1398), se trouve expliquée et commentée. Ceci prouve que l'abbaye de Vauclerc n'avait pas le privilège exclusif des estampilleurs; d'ailleurs il y avait plus de cent cinquante ans que ceux de Vauclerc étaient morts lorsque vivait Luger. A tant faire que vouloir des antériorités, en voici une qui s'impose. « Nous voyons pour la première fois l'art de graver sur bois cultivé dans les cloîtres » exprime Passavant; son opinion retarde [3] et contredit, du moins, celle qu'il émettait à propos des estampilles ou mieux, des *patrons* d'Ensielden. Malgré tout, les Allemands prirent de suite une supériorité sur nous, ils eurent un mot pour désigner le tailleur en bois, « Formschneider [4] ». Ce mot, on le voit donné à Ulm en 1398. Chez nous, le graveur en relief est

---

1. O. Weigel. *Druckerkunst. Zeugdrucke*, t. I, p. 1 à 20. Nous n'avons gardé aucun spécimen des images de pèlerinage sur parchemin ou sur papier qui se vendaient dans les sanctuaires célèbres. Il faut bien croire cependant que ces images existaient et qu'elles n'étaient pas toutes des médailles de plomb. Secousse, *Ordonnances*, t. VII, p. 590 et 591, publie un privilège de 1394 émanant de Charles VI, et conférant le droit de vente « aux marchands d'images, de coquilles et cornes » du Mont Saint-Michel.

2. Passavant. *Le Peintre graveur*, I, p. 21-22.

3. Quoi qu'il en soit, certains monastères allemands, celui de Tegernsee, en Bavière, par exemple, purent tailler sur bois d'assez bonne heure. M. Schmidt a publié dans son bel ouvrage, le Christ en croix avec les armes de l'abbaye, qui sembleraient indiquer un travail de moine dans l'abbaye même. J'ai la preuve matérielle que cette pièce n'est pas de Tegernsee, et comme cette preuve fera la base d'une discussion dans le livre que je prépare sur le Cabinet des Estampes de la Bibliothèque nationale, je la réserve dans l'instant. Je me contente de signaler la mention manuscrite mise sur la pièce, *attinet monasterio Tegernsee* (appartient au monastère de Tegernsee), qui serait bien peu explicable si la pièce avait été gravée là.

4. Form-schneider, tailleur de *formes*. C'est le nom roman qui a été emprunté par les Allemands, car *form* c'est *forma* latin, c'est *forme* français. Je discuterai philologiquement l'origine de ce mot dans un autre lieu, et je chercherai à démontrer que cet emprunt constitue la priorité à notre actif, comme *Karten* et *Legenweiss* (Lagena).

un « tailleur d'imaiges », et le tailleur d'imaiges est aussi bien un sculpteur sur pierre, qu'un tombier ou qu'un huchier faisant des figures en ronde bosse sur bois. Il se confond dans les mentions d'artistes avec ceux-là, il reste anonyme et inconnu jusque très tard, faute d'un sobriquet utile.

Car j'ai vainement cherché, dans les inventaires imprimés ou manuscrits, une note qui me permît de séparer le tailleur-graveur primitif du tailleur-sculpteur. Le mot *graver, graveur,* apparaît à de rares intervalles. Arnoul de Bœmel qui taille le sceau et le contre-sceau du duc Louis d'Orléans, mari de Valentine de Milan, est dit *graveur.* Les archives de Lille fournissent au comte Léon de Laborde [1] à propos de pièces d'orfèvrerie (des veruelles) une note expressive : « Pour avoir fait tailler et *graver* les armes de Monsei-« gneur et son mot (ou devise) sur icelles veruelles 4 francs. » Il s'agit ici de taille-douce, naturellement, et jamais le mot *graver* ne s'applique au graveur d'images sur bois avant 1440. On rencontre bien un Jean Bourguignon, « tailleur d'imaiges », qui fournit, en 1415, le modèle d'un canon; c'est probablement là un sculpteur-modeleur, et le canon est donné en maquette [2]. Passavant prétend que nos cartiers sont, dans le principe, traités de *dominotiers,* que ce mot leur vient de *Dominus,* parce qu'ils taillaient à la fois des cartes et des planches de sainteté [3]. Nulle part je ne vois le dominotier cité en une pièce authentique ancienne. Le marchand à qui la duchesse de Bourgogne achète, en 1380, un « quartspele » un jeu de cartes flamandes, est un *individu* (quidam magister) qui a fabriqué trois paires de ce jeu, et qui en reçoit deux écus par l'entremise d'un valet de chambre nommé Colin Trevers [4]. En réalité, ce personnage doit être un peintre comme le Jacquemin Gringonneur qui estampe un

---

1. Léon de Laborde. *Les ducs de Bourgogne,* I, p. 78.
2. L'abbé Dehaisnes. *L'art à Amiens,* t. VII de la *Revue de l'art chrétien,* tirage à part, p. 51.
3. Passavant. *Peintre graveur,* I, 154. Il doit prendre ceci dans Jansen.
4. De Laborde. *Ouvr. cité,* n° 4388.

jeu semblable pour le roi Charles VI, dans l'année 1392 [1], en peignant, et en gaufrant ensuite, au fer chaud, les tarots, sans aucun poncif gravé, comme nous l'allons dire tout à l'heure.

J'avais donc raison de regretter qu'un terme bien défini, tel « formschneider », manquât chez nous pour désigner une classe spéciale d'artisans opérant sûrement dès le xive siècle. Que leurs produits ne soient guère venus jusqu'à nous, le cas s'explique par l'intransigeance des corporations officielles dont ils heurtaient les privilèges immémoriaux. Il n'est point rare de rencontrer aux lettres de rémission [2], çà et là éparses dans le *Trésor des Chartes,* la mention de « batteries » entre membres de la corporation des imagiers ; les origines en sont toujours les « malefaçons » reprochées par l'un des adversaires à l'autre, et ces malefaçons, non déterminées, laissent parfaitement entendre la fraude et le procédé défendu, et vraisemblablement un cas prohibé de taille en bois. Le plus grave, c'est que le bloc sur bois, ou l'épreuve qu'en avait pu tirer le délinquant, étaient saisis, détruits séance tenante par les maîtres. Tout ce qui échappa — et les survivants sont rares, au cas qu'il en reste — sont très vraisemblablement venus des cloîtres, où on avait pu les produire à l'abri des maîtrises. Cette proscription dut, pour beaucoup, contribuer à priver les premiers graveurs sur bois d'un qualificatif officiel ; ils étaient des *outlaw,* opérant clandestinement à la façon de faux monnayeurs, du moins jusqu'au milieu du xive siècle. Il y a fort à croire, et nous en allons ci-après fournir au moins une présomption, que les *Apocalypses,* les *Oraisons dominicales,* les *Ars moriendi,* tout ce qui constituait la pacotille des premiers xylographistes, étaient colportés *en clichés* par eux de ville en ville dans une région donnée, et

1. Merlin. *Origine des cartes à jouer,* p. 13.
2. On appelait lettre de rémission, la lettre de grâce que le roi délivrait à un de ses sujets, pour lui éviter la peine capitale. Ces lettres sont aux registres du Trésor des Chartes de la série JJ, aux Archives Nationales (passim). Mon ami, M. Ernest Petit, me signale la confiscation d'une maison à Dijon, sur un peintre nommé Laurent, qui a été exécuté « pour ses démérites ». Je croirais assez à des modèles de fausse monnaie, à des ouvrages illicites dans l'affaire (Arch. de la Côte-d'Or, B. II, 255).

tirés au hasard des papiers et des impositions, au fur et à mesure des demandes. Dans la supposition de fraude, le porteur de bois gravés était moins facilement découvert et dénoncé que le colporteur d'images tirées et coloriées. On les prenait, une fois produites, comme des objets de contrebande, à plus bas prix, et cette tricherie d'origine n'est-elle pas cause que jamais nous ne trouvons des objets de ce genre décrits dans les inventaires de ce temps? C'était de la « malfaçon. »

Ce transport de matrices est un des faits les moins étudiés et les moins connus du moyen âge. Il en subsiste un souvenir lointain dans ces empiriques du Nord, qui s'en vont de porte en porte marquer d'un fer rouge les chiens de chasse, pour les préserver de la rage. C'est le cachet de saint Hubert. Quant à la vente des images et vraisemblablement à leur production sur place, je crois en avoir une preuve, inconnue jusqu'à ce jour, parce que les éléments de discussion n'en ont été révélés que depuis peu.

Il y a quelques années [1], le Cabinet des Estampes obtenait de la ville d'Arras la cession de pièces incunables et autres, la plupart flamandes, en taille-douce et en bois, collées par une main pieuse dans un volume dit le *Bréviaire de Béthune* à la Bibliothèque municipale d'Arras [2]. Quelques-unes de ces estampes sont du xvᵉ siècle, plusieurs du xviᵉ, au moins quatre paraissent incunables. Suivant toutes les probabilités, ces quatre pièces, d'ailleurs très facilement aperçues parmi les autres, à cause de leur caractère archaïque, se trouvaient à Béthune, peut-être en un couvent, lorsque dans le xviᵉ siècle, on les réunit à d'autres pour les insérer dans le *Bréviaire*.

Il paraîtrait, en effet, assez peu vraisemblable que des estampes d'une origine aussi sûre que nous l'allons montrer, toutes quatre taillées au même lieu, fussent venues, à des dates différentes, se rejoindre aux pages d'un même manuscrit.

1. Exactement en avril 1887, acquis par échange avec la Bibliothèque d'Arras. (Échange nᵒ 920.)
2. Ce manuscrit porte le nᵒ 884 de la Bibliothèque.

La première figurait au folio 219. C'est un *Saint Thomas*, tenant une crosse et un livre ouvert, enveloppé d'une sorte de chappe à collet ; ses pieds reposent sur un terrain semé d'herbes rares pareilles à des glaives. Dans le haut de l'image, à gauche, les armes de la ville de Liège ; une colonne portant une croix, posée sur un socle à degrés.

A part les tailles naïves [1], le dessin fort brutal, le barbouillage assez étrange, cette pièce autorisait l'opinion de M. Georges Duplessis qui la reportait au xve siècle. Les armes de Liège ne prouvaient rien en faveur de l'époque probable, mais elles eussent dû avertir l'éminent iconographe du lieu d'origine. L'estampe a été donnée à l'Allemagne, en vertu de l'opinion que les plus anciens incunables ne pouvaient être qu'allemands [2]. D'ailleurs, pour un esthéticien classique comme l'était mon cher et vénéré prédécesseur, de pareilles images ne valaient que pour la curiosité ou l'archéologie. On ne s'occupa donc ni du *Saint Thomas*, ni d'un *Saint Lambert* de la même fabrique [3] autrement singulier pourtant, représentant un évêque crossé et en buste, avec des armes à sa gauche, (à droite de l'estampe). Ces armes réunies à celles de Liège disaient quelque chose, car ce sont celles des La Marck, « les sangliers des Ardennes », dont sera, dans le xvie siècle, le seigneur de Florenge notre « Jeune Adventureux ». A bien regarder cette tête d'évêque nimbée, on ne peut disconvenir que l'imagier a eu l'intention d'un portrait. Sous les traits du saint n'a-t-il pas cherché à rappeler ceux d'un prélat de cette grande famille ? Il eût été délicat de se prononcer sans plus de raisons, car l'identité de travail et d'époque présumée entre le *Saint*

---

1. Ces pièces offrent un curieux exemple de taille en teinte, dans le genre de celle de nos jours, mais nécessairement fort rudimentaire. J'étudierai ces pièces intéressantes dans un livre sur les xylographes des Estampes, mais je les signale comme à peu près uniques dans leur genre. En tout cas, elles fourniront un autre élément de discussion sur la pièce aujourd'hui conservée à Liège au sujet de laquelle un volume a été écrit en 1878.

2. *Cat. de la Réserve des Estampes*, n° 578.

3. *Ibid.*, n° 528.

Thomas et le *Saint Lambert* n'était qu'un de ces à peu près dont on s'est un peu trop facilement contenté jusqu'à présent. Le folio 310 devait lever les doutes. A cette place se rencontrait un *Saint Barthélemy* de même travail, plus recherché cependant, plus avancé dans la

gravure ' et dont la robe porte sur le devant des essais d'ombres au trait, comme ces coups de pinceaux légers à la gouache, que les miniaturistes jetaient sur leurs étoffes pour les faire « tourner ». Sous ses pieds le *Saint Barthélemy* a *le champ d'herbes* du *Saint Thomas*, son nimbe porte la bordure endenchée, il tient de la main droite, un large coutelas. Or, à sa gauche, les armes de Liége se retrouvent, et à sa droite celles de La Marck, cette fois timbrées d'un chapeau rouge.

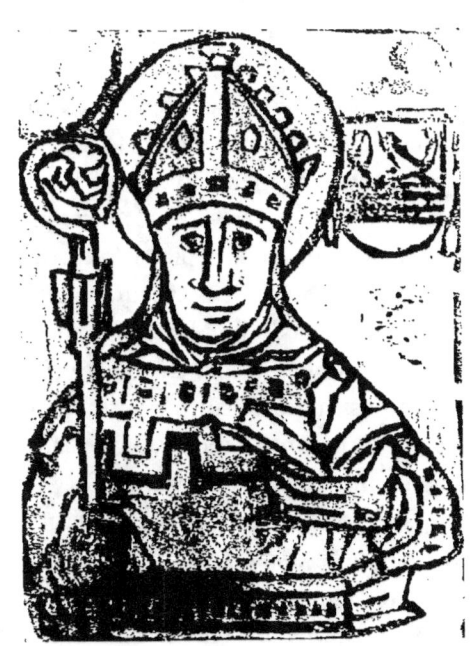

Saint Lambert, buste reliquaire de Liége aux armes de La Marck. B. N. Estampes n° 528.

Les présomptions se serrent davantage ; il devient évident que l'original a été taillé à Liége, sous le pontificat d'un La Marck, car il n'était pas dans les usages d'alors de faire si grand honneur aux prélats morts depuis longtemps.

Au XVᵉ siècle aucun membre de cette famille n'occupera l'évêché

1. *Cat. de la Réserve du Dép. des Estampes*, n° 439. La description du catalogue dit que la pièce porte un chapeau de cardinal, c'est peut-être un chapeau d'évêque : Engilbert de la Marck ne fut pas cardinal, mais son oncle Adolphe, évêque de Liége, au commencement du XIVᵉ siècle (mort en 1344) le fut. Saint Barthélemy était fort vénéré à Liége et à Maestricht.

de Liège; il y aura un archidiacre [1], un chanoine [2], mais, après eux, le
premier évêque de ce nom sur ce trône épiscopal sera Erard qui mourra
en 1538. Eu égard au travail de gravure, au tirage même, à la forme
naïve et brutale de ces imageries, l'attribution n'était pas soutenable.
Il fallait alors remonter dans le XIVᵉ siècle, en 1368, pour rencontrer
un La Marck évêque de Liège, Engilbert, fils d'un autre Engilbert et
de Mathilde d'Aremberg. Le cas devient plus embarrassant, surtout
si l'on entend les opinions accréditées au sujet des incunables. Une
pièce datée de 1368 au plus tard, — c'est l'année où Engilbert mourut —
ne se pourrait facilement admettre. D'ailleurs les tailles d'ombre, si
embryonnaires qu'on les voie, déconcertent un peu; elles ne se peuvent
guère expliquer que par la copie ultérieure d'un primitif ancien, les armes
étant conservées au petit bonheur, sans raison. La tête de saint Lambert avec les armes de La Marck donne moins d'hésitation; les tailles
raides, naïves, obtenues par un outil primitif, laissant toutefois apercevoir un dessin assez sûr, ne permettent guère le doute. C'est bien
là l'œuvre d'un contrebandier d'images, l'objet à vendre sous le cou-
vert, pour un dessin enluminé. Car l'enluminure existe, elle est
même assez sobre, et non sans charme. J'imaginerais donc assez
volontiers que le *Saint Lambert* et le *Saint Thomas* sont de production plus ancienne, contemporaine de la mort de l'évêque ou immédiatement postérieure; que le *Saint Barthélemy*, au contraire, et un
Saint Léonard (au folio 316) pourvus de rares tailles d'ombres,
sont un peu postérieurs et gravés sous l'inspiration du neveu du
prélat alors attaché à la cathédrale de Liège [3]. Le marchand
porteur d'un chargement de saints fût venu à Béthune ou aux environs dans le commencement du XVᵉ siècle et y eût tiré ses bois. Je

1. Jean de La Marck, fils d'Érard de La Marck et d'Agnès de Rochefort, né après 1422.
2. Jean de La Marck, chanoine de Liège, neveu du précédent; il fut archiduc de Hainaut. Il fut oncle d'Érard de La Marck, évêque de Liège, puis de Chartres, cardinal sous
Léon X.
3. Probablement ces bois étaient gravés recto et verso comme le xylographe de
La Ferté, à des dates différentes. Ce personnage, qui est Jean de La Marck dont nous parlons dans une note précédente, fut archidiacre de Liège.

livre ces hypothèses à la discussion, mais les armes, le chapeau rouge, la figure du saint Lambert, les armes de Liége, la barbarie de l'opération sont des présomptions aussi puissantes que peuvent

l'être le papier, le fili-grane ou le coloris; elles apportent une origine incontestable, le plus qu'on puisse demander à des œuvres aussi modestes [1].

Nous estimons donc qu'il n'y a pas lieu de s'étonner autant qu'on l'a fait autrefois de dates proposées par MM. Otto Weigel et Zestermann, dans *Die Anfänge* (t. I), lorsqu'ils nous montrent des tirages de blocs allant, disent-ils, de 1100 à 1400. Il est absolument certain que les gra-veurs taillaient des

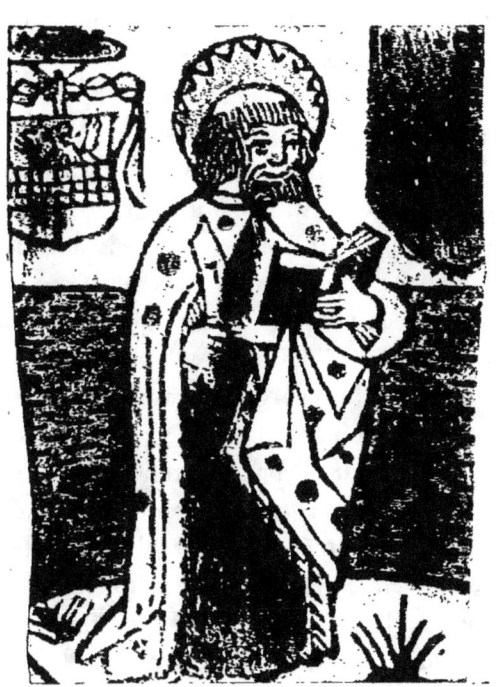

Saint Barthélemy. A gauche, les armes de La Marck.
A droite, celles de Liége. Estampes n° 439.

plaques de métal depuis le XIIIᵉ, peut-être depuis le XIIᵉ siècle, mais alors ils ne songeaient pas à une impression sur parchemin ni sur papier. Les tirages que possédait Weigel de plaques métalliques anciennes provenaient du XVᵉ siècle, quand les tailleurs d'images

1. L'opinion de M. Wittert, émise dans un petit livre intitulé *Une gravure de 1389*, Liége, 1878, si dédaigneusement traité par les iconographes, est loin de mériter ce dédain. Sans doute M. Wittert n'admet pas l'art allemand et place l'art néerlandais, non sans raison, bien au-dessus des quattrocentistes germains; mais, à part cette pieuse opinion d'un Liégeois, le reste du travail mérite considération. Nous l'étudierons dans notre *Catalogue des incunables du département des Estampes, à la Bibliothèque nationale*.

devenus imprimeurs, enfin reconnus ou moins pourchassés, rencon-
trant de ces vieux clichés, dans la ferraille, en levaient une épreuve
pour la curiosité. Quant à la célèbre *impression* du xii⁰ siècle sur
parchemin, publiée par Weigel à la page 24, vue et commentée par
Passavant, je demande à présenter quelques observations qui, je
l'espère, ne laisseront aucun doute.

Passavant, qui a tenu le morceau, le reporte au xiii⁰ siècle
d'après l'esthétique des figures [1]. Il semble vouloir le rapprocher de la découverte d'estampilles faite par le Dʳ de Liebenau dont
il a été parlé ci-devant, à la note de la page 11. Cette pièce est effectivement exécutée sur parchemin, mais non tirée sur une planche en
relief. La preuve en est que le *bras de la Croix se prolonge sur les bras du
Christ et sur son corps,* par suite d'une erreur de dessin ; or il ne serait
pas admissible que l'artiste en relief se fût ingénié à commettre cette
erreur, au prix du plus grand travail. La prétendue estampe imprimée est tout simplement un gaufrage, poinçonné au fer chaud, et le
trait en question a échappé au praticien qui le traçait. Passavant nous
donne raison un peu inconsidérément lorsqu'il écrit : « Elle semble
« avoir été imprimée déjà sur place (c'est-à-dire placée dans la
« reliure où elle fut trouvée) après avoir rempli le creux de colle, au
« moyen de la plaque probablement chauffée à cet effet, puisque la
« colle adhère encore au revers du parchemin sur les contours en
« relief formés par la taille, tandis qu'elle s'est détachée du reste de
« la surface. » En vérité si la plaque matrice avait été chauffée, pourquoi l'adhérence se serait-elle seulement produite sous les traits ? La
chaleur aurait *cuit* la colle partout. On ne peut mieux expliquer que
ne le fait le savant maître allemand la gaufrure à chaud des relieurs,
par le moyen d'un poinçon, laquelle fut ultérieurement employée pour
les tarots [2]. Il a raison de dire que cette pièce paraît « unique dans

1. *Le Peintre graveur*, I, 20. Cette opinion a été reconnue exagérée par MM. Lippmann et Schreiber ; la nouvelle école allemande est loin d'ailleurs de partager sans
réflexion les opinions de ses devanciers. Voir les travaux de MM. Lehrs, Kristeller, toujours très prudents, et d'une grande science d'observation.

2. Voir au Cabinet des Estampes les tarots dits de Charles VI (Kh. 24, réserve)

son genre ». Elle le serait effectivement si elle était tirée au XIIIe siècle sur une forme gravée, un bloc, un cliché de métal, mais elle ne l'est pas [1]. Il y aurait beaucoup à dire sur le travail au fer dont personne ne parle et qui fut, pendant tout le moyen âge, un art spécial fort employé. Les célèbres empreintes en pâte sont souvent obtenues par un moyen analogue, ou du moins la pâte, qui nous reste, est celle qui servait à fixer le parchemin ou le papier sur le plat d'une reliure.

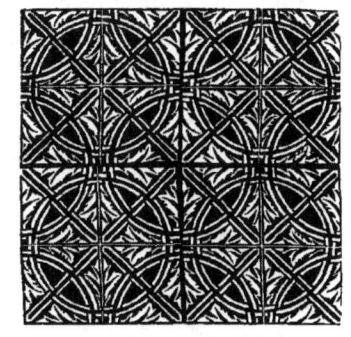

En réalité les plaques de métal entaillé avaient originairement servi à la gaufrure du cuir ; elles fournissaient un creux dans la terre des

Tuileaux de Vauclerc. D'après le dessin original d'Edouard Fleury.

carreaux de pavage, et, dans ce creux, on insinuait une matière vitrifiable qui produisait un dessin en clair lors de la cuisson. M. Édouard Fleury a retrouvé à Vauclerc des carreaux ainsi obtenus, on en voit un, avec figure de Vierge, à la cathédrale de Bruges [2]. Et M. Fleury démontre que ces pièces servaient à plusieurs ateliers, comme si elles eussent été préalablement clichées à la moderne [3].

1. Cette opinion paraît avoir été celle de M. Tross qui avait tenu la pièce, mais qui ne donne pas la preuve fournie par nous d'un travail poinçonné (voir Dutuit, *Manuel*, I, p. 2).

2. Heffner Alteneck, t. III, pl. 145. Citons aussi un mémoire sur les pavements conservés à Troyes, publié dans le *Bulletin archéologique du Comité des travaux historiques*, 1890.

3. Est-il donc si osé d'admettre que dès les temps les plus reculés, les tondeurs avaient le secret de faire des moules et que dans ces moules on coulait de l'étain ou du plomb sur lequel on pouvait ensuite obtenir des tirages. Pour se rendre compte du jeu que cette opération devait être pour les tombiers, il suffit de jeter un coup d'œil sur les énumérations d'outils d'un fondeur de pots d'étain au XIVe siècle. Les matrices étaient en cuivre, il suffisait d'y tailler un creux suffisant pour que, par un simple coulage, un « moule », un cliché, nous dirions, apparût et pût servir. La plupart des clichés en métal publiés par O. Weigel *dont nous ne parlons d'ailleurs que d'après des tirages sur papier*, pourraient avoir pareille origine. Il est certain que la taille d'épargne s'obtenait ainsi plus facilement que par une coupe dans la matière. Les parties creuses avec une réserve de lignes, étaient fournies

Aussi bien ces blocs métalliques entaillés ou fondus avaient-ils les adaptations les plus diverses.

Souvent même, la lettre venue à l'envers, comme dans certaines épreuves des planches dites *criblées*, montre que la plaque était destinée à une décoration directe à la façon des nielles. L'intérêt sérieux, on le voit, tout ce que peut souhaiter la critique, est donc de posséder le bloc lui-même, bois ou métal, et non l'épreuve produite parfois un ou deux siècles après. A l'époque du frotton, certains cuivres, taillés en creux par des tombiers ou des orfèvres, ont été tirés comme des reliefs, et ont produit ces images singulières qu'on croirait dessinées à l'encre blanche sur papier noir. Ces jeux d'imprimeurs ont troublé quantité d'âmes simples ; on a ergoté sur ces choses pendant tout un siècle, on les a baptisées de noms multicolores, et pourtant rien n'est plus facile à expliquer. Les tombiers, nous l'avons dit, faisaient couramment la taille-douce depuis le XIIe siècle, les églises étaient remplies de leurs œuvres, où, dès 1300, les petits personnages apparaissaient. Les nielleurs, pour couvertures de livres, étaient aussi anciens. Le cabinet des Estampes possède un de ces creux, tiré en relief, qui a fait couler beaucoup d'encre [1].

naturellement par la surface plane de la matrice, et seules les tailles ou gouttières produisaient le relief. Cf. pour tous les travaux en étain des potiers : Germain Bapst, l'*Étain*, p. 156 et 157 Si ces objets ne nous sont point parvenus, c'est que, dans la suite des âges, ils se sont oxydés ou qu'on les a fondus. Il y a fort à croire que les estampilles de lettres s'obtenaient ainsi dans la terre réfractaire, car les fondeurs n'en étaient plus à chercher les procédés ; ils les connaissaient tous. La seule destruction de leurs produits sur ce fait nous empêche de juger des ressources dont ils disposaient.

Toutefois ne devrions-nous encore pas étayer ces hypothèses d'exemples rencontrés en d'autres documents, telles ces plaques estampées ou cordées, ornées de dessins en relief dont on décorait certains objets de culte (G Bapst, p. 174). Voyez aussi de Linas, *L'art et l'industrie dans la Meuse belge*, p. 156, 157, etc. Mais voici qui est concluant. On trouve des méreaux de plomb qui ont une lettre en relief, dans la Sambre (*Société archéologique de Namur*, XIII, p. 452.) Les matrices de méreaux ou médailles de plomb, étaient des ardoises ; au centre était gravée en creux l'empreinte dans laquelle on coulait l'étain ou le plomb ; on en a trouvé un grand nombre dans la Seine. Voir Musée de Cluny n°s 8.238 à 10.047. Dans le nombre on signale comme particulièrement curieux les plombs d'imagerie.

1. Voir à ce sujet ce que dit Passavant, t. I, p. 101. L'image en question qui représente un moine, devant un pupitre, au milieu d'un jardin clos, était destinée à produire

Tant de phénomènes complexes sont à envisager et à éclairer, avant de prétendre écrire rien de définitif sur ces questions ! Je ne parle même pas ici des formes de bois employées fort anciennement à l'impression d'étoffes de lin pour la décoration des églises, parce que j'en ferai tout à l'heure un point important de ma discussion Weigel a signalé et publié des tirages de ces bois [1]. Il faut craindre cependant que l'érudition spéciale moderne, avec ses confrontations de papiers, l'étude des coloriages et autres repères de ce genre, ne se soit engagée dans une voie périlleuse. Je le répète volontiers, il est parfaitement possible, il est même sûr que des clichés français ont été imprimés hors de France, et réciproquement ;

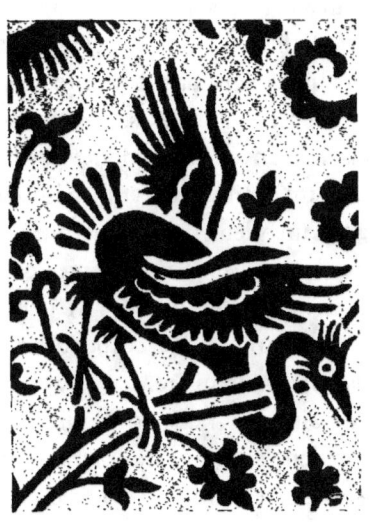

Étoffe imprimée du xıvᵉ siècle. Cat. Weigel nº 3.

mais prouver que ces tirages sont immédiatement contemporains de la gravure des planches est impossible, en dépit de tout. Ne doutons pas qu'il existe quelque part, même parmi les pièces classées, des impres-

une impression de reliures ou à servir de couverture de métal ; ce qui le prouve ce sont les médaillons des quatre évangélistes placés aux coins. Le cliché ayant été colporté à Lyon au xvᵉ siècle fut utilisé par un imprimeur Allemand qui était venu s'y établir, Jean Klein. Il sert de frontispice au livre in-4º gothique intitulé *Pomerium sermonum de beata virgine vel stellarium corone beate virginis* per ... fratrem Pelbartum de Themeswar, in-4º. Passavant qui ne nous dit pas le lieu de publication, manque de fournir un élément utile de détermination. Pour nous cette planche en creux, utilisée en relief est une preuve du colportage de bois ou de clichés d'une ville à l'autre. Le cabinet des Estampes possède une vierge tirée ainsi en *négatif*, qui est de même origine (voir Cat. de la réserve, nº 368). Le motif d'ornement en trèfle de cette dernière pièce est destiné à fournir le coin de la reliure appliquée. Pour Jean Cleyn ou Klein dit Schwab, consulter Natalis Rondot, *Les graveurs et les imprimeurs à Lyon*, p. 179.

1. O. Weigel. *Die anfänge der Druckerkunst*, t. I (*Zeugdrucke*). Weigel publie des étoffes ainsi imprimées dont nous parlerons ci-après.

sions au frotton, de 1350 à 1400, mais nous ne recevrons aucun ensei-
gnement indiscutable de la couleur de l'encre [1], de la matière du
papier, du coloris de l'épreuve, puisque tel opérateur anonyme, de
cent ans après, a pu se servir d'un papier ancien et y appliquer un
vieux cliché [2]. Les ténèbres s'épaississent. On objectera que les gens
d'alors n'avaient pas ces intentions de fraude, qu'ils ignoraient ces
subtilités nées chez les sophistiqueurs modernes; on répondrait qu'ils
le faisaient inconsciemment, parce qu'ayant d'anciennes feuilles arra-
chées à un manuscrit et un peu défraîchies, ils les utilisaient pour le
tirage d'un vieux bois rencontré par hasard. Quant au barbouillage
en couleurs dont on prend les conclusions les plus inattendues
aujourd'hui, qu'en inférer? Il peut avoir été mis, après coup, en Allemagne sur une pièce colportée par des Flamands ou des Suisses; la
preuve ne vaut guère.

Un point servirait à nous guider bien mieux dans le dédale où nous
errons depuis cent ans, ce serait certaines considérations d'esthétique,
d'histoire, de critique relevée, que trop peu d'iconographes con-
sentent à faire entrer en ligne de compte. Nous aurions plus de profit à préciser, par des représentations et des textes sévèrement datés,
ce qui, à telle époque et en tel endroit, constituait la ressource cou-

1. Nous avons un exemple de l'inutilité de ces discussions dans le *Peintre graveur* de
Passavant, I, p. 24, lorsqu'il parle de l'encre d'impression. Il a été frappé de ce fait que des
gravures de la fin du XIIᵉ siècle sont tirées avec une encre à l'huile très noire, tandis
que d'autres pièces du xvᵉ sont tirées à l'encre délayée dans de l'eau. Il cite une épreuve
du cabinet Weigel dont les contours ont été tellement chargés d'encre grasse que l'huile
a débordé sur les contours. La raison en est que cette pièce de Weigel, le *Saint Christophe* (voir p. 42), est tirée sur métal, à *une époque où l'imprimerie au pressoir fonctionne*,
et que le bloc, n'étant pas de forme, a été mal foulé par l'instrument; l'encre s'est alors
déchargée à droite et à gauche des traits. De plus, le métal en devait être oxydé par le
temps, autre preuve que le tirage est d'une époque bien postérieure à la gravure. Les
blocs en métal de ce genre étaient d'ailleurs toujours destinés à des estampages à chaud,
quand on en rencontre des épreuves, c'est qu'elles ont été obtenues ultérieurement et
coloriées par supercherie d'imagiers. Voir aussi ce que dit Passavant du fameux *Saint
Christophe* de Lord Spencer au sujet du tirage, à la note des pages 26-27 (note 30).

2. La meilleure preuve de ce fait résulte des trous de vers aperçus dans ces tirages. Il
est inadmissible que le bois ait été taillé originairement dans un bloc vermoulu; le graveur
eût souffert alors de trop de mécomptes. Il faut donc admettre un temps appréciable entre
le travail de coupe et l'opération du tirage.

rante des imagiers, leurs modèles, quelles idées ils *devaient* nécessairement avoir en architecture, en costumes, en mobilier, et surtout
quelle mise en scène possédaient les *acteurs des farces* ou *des mystères
représentés devant eux* [1]. Cette théorie, que je veux soutenir, c'est que le
miniaturiste, le peintre, le sculpteur du moyen âge, même le plus
grand et le plus arrivé, comme Jean Fouquet, ne se faisait une opinion, de l'ancien et du nouveau Testament, qu'à travers la représentation contemporaine des mystères. La *Sainte Apolline* de Fouquet,
aujourd'hui à Chantilly, est la reproduction intégrale d'un théâtre
machiné, comme le comprenaient ses contemporains tourangeaux [2].
Pour indiquer un juif, Fouquet ne manquait jamais d'appliquer la

1. Petit de Julleville. *Les Mystères*, 2 vol. in-8. On peut trouver dans cet ouvrage un
aperçu sur l'esthétique générale des artistes qui n'a point été assez développé, car ceci
mériterait un ouvrage à part. On y voit combien les peintres, les miniaturistes ou les sculpteurs demandaient aux figurations le thème premier de leurs combinaisons, comment ils
montraient, par exemple, dans la vie d'un saint, tous les actes de son existence, en une
série de tableaux joints et soudés à la façon des vieilles figurations de Mystères. Ceci se
poursuivra jusque très tard dans le xvie siècle, mais les dispositions en sont constantes aux
xive et xve. Dans l'état actuel des connaissances sur ce sujet, nous ignorons tout de ce que
faisaient, sur ce point, les premiers metteurs en scène, ceux de 1290 et 1302 à Limoges,
ceux de 1333 à Toulon, ceux de 1366 à Rouen, de 1376 à Cambrai (Mystère de la
Résurrection). C'est en 1398 qu'on verra les célèbres « confrères de la Passion »
jouer à Paris, et c'est sur une donnée équivalente, quelque mystère organisé par les
moines de la région dijonnaise ou lyonnaise, que les acteurs de notre bois auront été
dessinés. En somme le clergé a, dans le xive siècle, le monopole de ces réjouissances
pieuses dont il tire profit moral et matériel. Les confrères de la Passion n'inventèrent
rien, ils continuèrent un mouvement très ancien. En 1390, on donnait à Tours, sous la
direction du clergé, le *Jeu des sept vertus et des sept péchés mortels*, quand on sut que des
Anglais devaient y assister et espionner ; on ferma les portes (Giraudet, *Hist. de Tours*,
t. I, p. 161). On craignait qu'ils ne vinssent à la foire Saint-Christophe comme pèlerins
ou marchands.

2. Cette pièce capitale pour l'histoire du théâtre a été publiée, avec commentaires, par
mon ami Germain Bapst, dans l'*Histoire du théâtre*. Paris, Hachette, 1893, p. 33. La
miniature, autrefois en la possession de M. Brentano, à Francfort, a été acquise avec
39 autres, et placée au Musée Condé à Chantilly. Pour tous les artistes du moyen âge,
l'enfer se représentait, comme dans les théâtres, par une gueule de monstre, la « gueule
d'Enfer » où les démons acteurs venaient s'engouffrer après avoir fait leurs clowneries sur
la scène. Les moindres épisodes de ces représentations populaires avaient pris force de
traditions, et pour être compris, les peintres et sculpteurs s'y devaient soumettre. C'est la
conception des diables, opérant dans les mystères, qui a prévalu jusqu'à nous dans la
peinture ; Ary Scheffer, lui-même, n'a pu s'y soustraire.

roue d'infamie que les chrétiens médiévaux imposaient aux israélites
égarés parmi eux. La Vierge est-elle représentée par d'autres, en présence de l'ange Gabriel, il n'est pas rare de la voir devant un prie-
Dieu gothique, avec un lointain où paraissent des clochers d'église ;
elle-même tient parfois un chapelet ! Le costume impersonnel des
saints, dont je parlais plus haut, nous paraît impossible à dater, parce
que nous avons négligé de l'étudier dans les transformations ethno-
graphiques que lui apportent les différentes contrées. A bien voir, cependant, une Vierge allemande ne ressemble que de loin à une Vierge française, dans les manuscrits du xive siècle. C'est à ce point d'érudition
que nous devons atteindre pour raisonner sagement de ces choses, et
nous en sommes loin, parce qu'on a pris la piste à côté. Toutes les
phrases les plus dogmatiques ne tiendront pas devant les opinions
cherchées dans ce sens. Les iconographes de profession ignorent ou
dédaignent les lois qui régissent le développement de l'esthétique
figurée dans la suite des siècles [1], ils ne parviendront à en débrouiller
l'écheveau que par l'étude des monuments, en combinant entre elles
deux sciences, la paléographie et l'iconographie archéologique, en
empruntant à l'une et à l'autre, conjointement, ce qu'elles notent de
formel. Dans l'état actuel des connaissances, avec tous les ouvrages
que nous possédons sur les costumes ou les mœurs, il est difficile, pour
ne pas dire impossible, de se mouvoir en sécurité, parce que les
modèles étudiés par les auteurs de ces ouvrages ont été choisis au
hasard, sans distinction de pays, d'époques [2], et sans faire la part de
certaines circonstances déterminantes apprises par la lecture du texte [3].

1. Il faut faire exception en faveur de M. Schreiber, mais ses lectures de texte et sa
paléographie laissent trop à l'arbitraire. Il est le premier cependant qui ait mentionné
la *gueule d'Enfer*, comme une présomption en faveur de la France ; par malheur il ne
tient pas toujours compte de cette constatation.

2. Quelques-uns de ces ouvrages ayant emprunté à Roger de Gaignières les modèles
de costumes du xive siècle, ne se sont pas donné garde que Gaignières avait pris ses personnages dans un ms. de Froissart exécuté sous Louis XI par un artiste qui rendait fidèlement les accoutrements de son temps. Cf. B. N., Dt des Estampes, Oa 12, fol. 83-104.

3. Un des auteurs les plus consultés a donné comme courant un costume de jeune
homme, que le texte du manuscrit, au contraire, proclame *exceptionnel*, et tout à fait de
circonstance.

Je voudrais avoir, à tout le moins, suggéré ici, qu'on saurait
en matière d'iconographie, essayer une autre méthode que celle
employée jusqu'à ce jour, en ne me servant guère, pour ce qui va
suivre, que d'objets existants et datés, tels les tombeaux, les monuments de peinture ou de sculpture, les sceaux avec date. J'en souhaiterais tirer cette conclusion que lorsque les vieux artistes se copiaient
entre eux, *ce n'était jamais de façon à tromper*. Contemporains de l'œuvre
qu'ils transcrivaient, ils laissaient toujours apparaître un peu d'eux-

mêmes; au contraire, s'ils copiaient à
long intervalle, ils arrangeaient les
personnes et les choses à la mode de
leur temps ou de leur pays. C'est
pour n'avoir pas tenu compte de ces
remarques que les bibliographes
d'incunables comme Heinecken ou
Sotheby ont avancé les plus invrai-
semblables théories. Une loi, que
peu d'exemples contraires pourraient
amoindrir, c'est que toute représen-

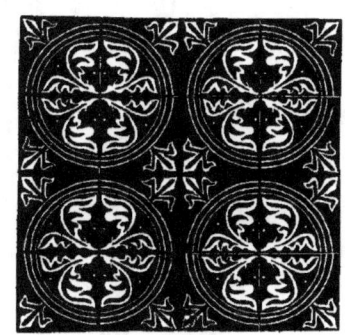

Tuileaux de Vauclerc.

tation d'une scène figurée, avec costumes portés, est immédiatement
contemporaine des gens à qui elle est destinée; que pour être compris
et admiré l'artiste doit reproduire, dans leurs moindres détails, les
formes d'habits, d'objets, ou d'architecture à la mode chez lui. Un
peintre d'Augsbourg, venu à Tours au temps de Fouquet et habillant
Longin ou le centurion à la façon des Germains de là-bas eût fait
rire. Encore sommes-nous au plein du xvᵉ siècle; qu'eût-ce été, cent
ans avant, sous le roi Jean?

Sans doute je n'ai point la prétention de révéler une méthode que
tant d'hommes sérieux appliquent en d'autres branches de l'érudition
depuis un demi-siècle. On la voudrait seulement voir admettre par
ceux des écrivains d'art que la question des origines passionne, et
que d'imprudentes théories ont égarés. On souhaiterait surtout
que les papiers, les coloriages, les impressions ne comptassent

que comme appoint, comme une preuve complémentaire, mais non pas comme une preuve à eux seuls. Ceci revient à dire, une fois de plus, que le bloc original, assez volontiers tenu pour quantité négligeable par les amateurs et les collectionneurs, devrait reprendre la première place dans ces études serrées. Voyons ce que nous enseigne celui de M. Protat.

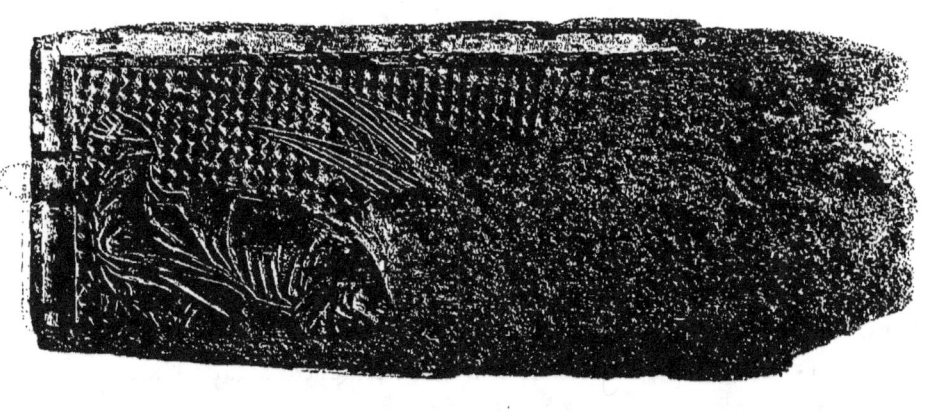

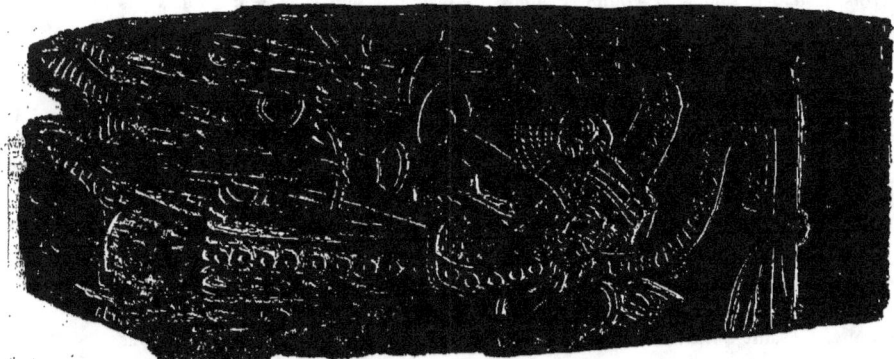

II

La planche gravée découverte en Saône-et-Loire, ces années dernières, et qui est devenue la propriété de M. Jules Protat, imprimeur
à Mâcon, est en noyer plein. Elle mesure exactement 0,600 de hauteur, 0,230 de largeur, et son épaisseur, en tenant compte du relief
des tailles, environ 0,025. La surface en semble assez imparfaitement
planée, mais il faut observer que ce bois, ayant servi à caler un dallage, a nécessairement souffert de la pression et de l'humidité. Le droit
et l'envers ont été travaillés tous deux, ce qui ne paraît avoir été
signalé que rarement pour d'autres blocs du même genre [1]. Mais si le

1. Au cours de ce travail, le Journal le *Matin* ayant bien voulu publier un article sur
notre bois, nous reçûmes quelques jours après, une lettre datée de Bonn, non signée, dans
laquelle le correspondant anonyme, se nommant modestement « un professeur », nous
parlait avec compétence de la découverte, en termes légèrement ironiques, quoique fort
polis dans la forme. « Ignorez-vous donc, Monsieur, disait-il, que le Cabinet de Berlin
« possède l'identique de votre bois, et que, tirée sur la planche encore en ce jour conser-
« vée à Aachen, la pièce a l'avantage d'être complète. Au verso est un saint Christophe,
« je crois, justement semblable comme manière à l'incunable signalé. » Je n'ignorais pas
ce bois que M. Schreiber indique dans son *Manuel*, sous les numéros 2896, 2941, mais je
l'avais négligé par cette raison simple que M. Schreiber lui assigne la date de 1480, et
que sa clairvoyance ne pourrait s'égarer à un siècle près. Toutefois je priai M. Lippmann,
directeur du Cabinet de Berlin, de m'en faire tirer une épreuve photographique, ce qu'il
voulut bien avec son obligeance habituelle. La pièce est curieuse, mais l'opinion de
M. Schreiber était juste, contre celle de l'anonyme de Bonn. C'est une planche tabellaire
à peu près des mêmes dimensions que la nôtre, taillée vers 1470-80, sans aucun rapport
même lointain avec le bois Protat. D'ailleurs nous en publions la reproduction intégrale,
tout le monde pourra juger sans parti pris. Il y a entre les deux bois cent ans de distance,
tant par les costumes, les allures, que par les tailles d'ombre et les plis brisés. Le soldat
aperçu sur le premier plan est armé comme un compagnon de Charles le Téméraire,
et le personnage, debout derrière lui, porte une robe à ramages de provenance bourguignonne. Le saint Christophe avec sa culotte relevée et le paysage plat, est encore plus

dessinateur du trait d'épargne se montre un artiste assez habile, si on lui reconnaît un style d'époque assez marqué, quelque noblesse, on voit au graveur une pratique plus brutale dans l'évidage et l'engougeage de la planche. Sans doute celui-ci prend grand soin de sertir ses contours, de leur procurer un maximum de hauteur, allant parfois jusqu'à 0,005, il se dirige avec assez de justesse aux endroits difficiles des visages, des cheveux, des cottes de mailles ; mais lorsqu'il tente les exploitations de profondeurs, on le croirait armé d'un outil de charron. Naturellement son travail ne comporte *aucune taille d'ombre*, les figures en sont réduites aux lignes simples, à la façon des plus anciens xylographes. Il enchérit même sur ceux-là par la largeur des traits d'épargne, lesquels atteignent plusieurs millimètres [1] et par une *absence totale de plis brisés* ; cette dernière constatation, par ce qu'elle indique de timidité, de manque de pratique, note, en faveur du bois Protat, une antériorité sur plusieurs images reportées par Weigel ou par Schmidt entre 1370 et 1380, et dont la plupart sont au moins d'avant cette dernière date. Puis, comme il les dépasse de beaucoup en valeur graphique, les opinions unanimes des savants spéciaux lui donneraient le pas [2]. Quant à être un simple morceau de sculpture

caractéristique. Bref, mon correspondant de Bonn, qui prétend dans sa lettre *avoir étudié le bois Protat à l'Exposition universelle*, a mal vu, ou mal retenu, mais les termes courtois de sa lettre éloignent toute envie d'acrimonie de ma part. C'est bien sur ce ton qu'il convient de discuter de ces choses.

Le bois d'Aix-la-Chapelle est assez rapproché, comme date et comme art, du livre imprimé à Lyon en 1483 : *La ruine des nobles hommes*, de Boccace. Les femmes à turban, aperçues près de la croix, sont d'origine franco-bourguignonne. Jean Fouquet les avait popularisées dans le milieu du xvᵉ siècle chez nous ; on les retrouve dans les *Petites Heures* d'Antoine Cailleau, dans celles de Simon Vostre. Ce deviendra le type des femmes orientales dans l'école classique jusqu'à nous. En Allemagne ces saintes femmes ont une coiffure sensiblement différente dans les œuvres de Wolgemut.

1. Exactement 4 millimètres sur le trait de la poitrine du centurion, et 3 millimètres en divers endroits. Les moindres traits ont un millimètre et demi. Ces traits tombent droit *sans un pli*, ce qui ne se voit que dans de très rares pièces, mais les traits de 4 millimètres n'ont point été retrouvés ailleurs.

2. Nous avons dit ci-devant p. 3 et 12, et c'est l'avis de Passavant, de Dutuit et de Schreiber que la naïveté du travail n'est jamais en faveur de l'ancienneté, mais au contraire note une décadence et une époque relativement récente. Il ne faudrait pourtant pas exagérer cette façon de juger les œuvres incunables.

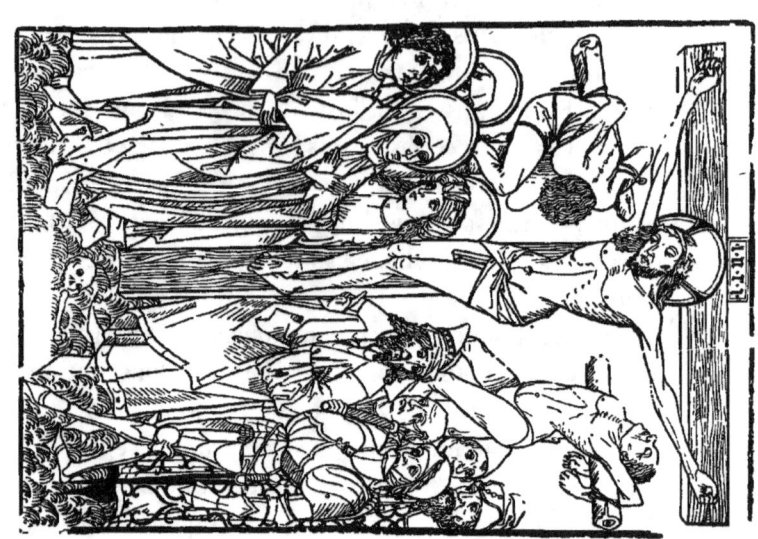

Crucifixion d'Aix-la-Chapelle, vers 1480. D'après l'épreuve moderne du Cabinet de Berlin.

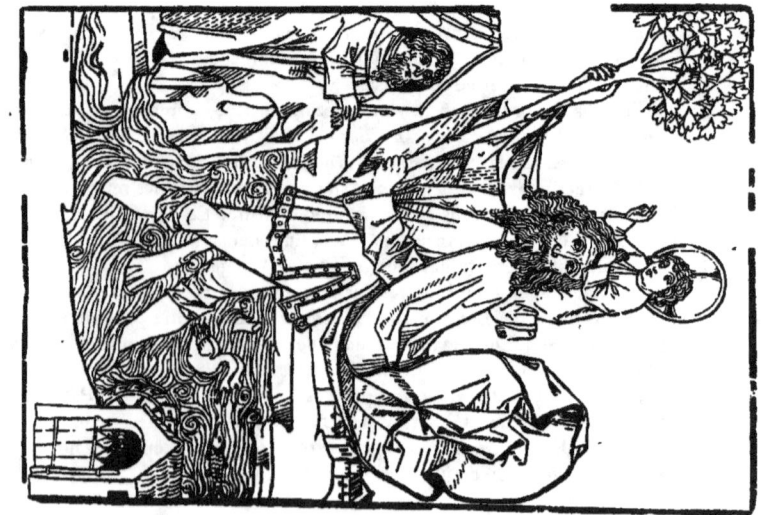

Verso de la Crucifixion d'Aix-la Chapelle. Cabinet de Berlin.

sur bois, sans destination ultérieure à la reproduction d'estampes ou de poncifs, la lettre qu'il porte et qui est taillée à l'envers, montre sans discussion possible l'usage auquel on le destinait.

En ce moment l'état de cette pièce ne permettrait pas les tirages répétés, surtout sur le revers, que les insectes et l'humidité ont aux trois quarts réduit en bouillie; mais M. Jules Protat a eu l'heureuse idée d'en lever une épreuve sur papier de Chine, reportée ensuite, et qui fournit de suffisants exemplaires. Une épreuve avait été envoyée à l'Exposition universelle de 1900; on ne remarqua ni la tournure inhabituelle des personnages représentés, ni leur allure quattrocentiste, ni guère plus, — et cependant ceci était capital — *l'onciale de la légende sur le phylactère*, l'absence de plis et de tailles d'ombre, en un mot ce qui, dans l'espèce, fournissait de précieux éléments d'étude. D'après le tirage, on constate très vite que ce n'est là qu'un fragment d'une crucifixion plus grande. Le Christ n'est deviné que par l'extrémité de sa main gauche attachée à la croix. A la gauche du Christ et à gauche du spectateur, trois personnages se tiennent debout, le centurion et deux soldats romains. Pour rester dans les données médiévales de la scène, telles que les réglaient les mystères, il faudrait que, derrière ces trois hommes, on aperçût la croix du mauvais larron, dont l'âme serait emportée par un diable; que, de l'autre côté du Christ, entre sa croix et celle du bon larron, saint Jean reçût dans ses bras la Vierge évanouie, tandis que Longin percerait le flanc de Jésus avec sa lance [1]. C'est à partir de la fin du XIIIᵉ siècle que la représentation des mystères et que les artistes consacrent cet épisode, un des plus grands effets, nous dirions le clou du drame.

Par le fragment qui nous reste, nous estimons que trois autres blocs semblables étaient nécessaires pour réaliser le tableau complet. Un pour la croix du mauvais larron à droite, deux autres pour le

1. La représentation la plus complète et la plus ancienne que nous connaissions en peinture de cette scène, est celle peinte par Simone di Martino aujourd'hui au Musée d'Anvers, on la dit de 1363, mais comment concilier ceci avec la date de mort du peintre, 1344? Voir ce qui est dit ci-après page 46.

Christ, la Vierge et pour le bon larron[1]. Cependant la scène devait être simplifiée, ce qui le montre c'est une feuillure de bordure en arrière du 2e soldat, et aussi en arrière de l'ange au verso. Cette feuillure limite le champ. Dans l'hypothèse de la représentation complète, l'œuvre entière eût occupé en largeur un espace de plus d'un mètre, sur 0,600 de hauteur. Or ces dimensions nous préviennent dès l'abord

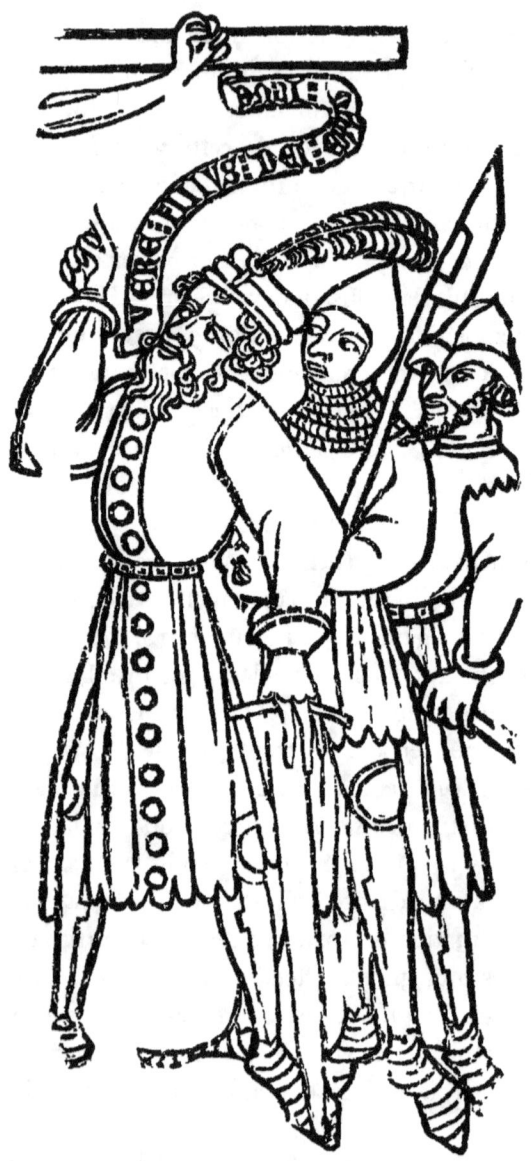

Le Centurion et les deux Soldats (bois Protat).

1. Le verso portant une Annonciation dont on n'aperçoit plus que l'ange agenouillé, et qui paraît une scène complète, on pourrait donc penser à une quatrième planche du mauvais larron. Chacun des versos de ces blocs avait une image particulière, qui se tirait à son tour. Il serait inadmissible qu'une seule planche du bloc général de la crucifixion fût entaillée.

que pas un papier du temps, fût-il du xvᵉ siècle, n'eût pu suffire au

tirage, sans raccords [1].

La position occupée par le centurion et ses hommes est conforme à la mise en scène des *Mystères* réglée sur les évangiles apocryphes. Ces personnages n'ont pas la rouelle des Juifs, parce que les contemporains de notre artiste n'avaient point encore assimilé le centurion et ses soldats, tous trois romains, aux Israélites persécuteurs. Le théâtre fera peu à peu oublier ce point essentiel et, dans le commencement du xvᵉ siècle, ces gens seront comptés pour Juifs, et, généralement, affublés des chapeaux pointus, des rouelles et de tous les signes d'infamie usités au moyen âge. Dès 1400, les artistes, peintres, sculpteurs ou miniaturistes

Saint Christophe de la collection Weigel, aujourd'hui à Mᴵˡᵉ Gabrielle
Przibram, à Vienne, taille dans la manière du bois Protat.

1. Les papiers du xivᵉ siècle n'atteignaient guère que 40 ou 42 centimètres dans leur plus grande largeur.

auront tendance à singulariser les acteurs antipathiques, et à leur donner des accoutrements en dehors des usages. Au XIVᵉ siècle on en est encore à la transcription naïve et sincère des costumes et des usages immédiatement contemporains. On sent très bien que, pour rendre leur rôle intelligible à la masse un peu bornée, le centurion et ses gardes doivent expressément rappeler les capitaines, les piquiers et les archers aperçus dans la vie réelle. Et les artistes qui manquent d'archéologie, qui, eux aussi, veulent être compris, ne trouvent rien de mieux que de reprendre la donnée du Mystère auquel ils ont assisté, et, partant, de costumer leurs personnages à la mode du jour et du lieu où ils travaillent. Dans le xylographe de M. Protat, le centurion est un homme barbu, dont les cheveux et la barbe accusent ces volutes spéciales en « copeaux » qu'on retrouve à tous les gens d'armes à partir du règne de Jean le Bon, jusqu'à celui de Charles VI, et que les miniatures ou les tombeaux répètent à l'envi.

Sur la tête, ce chef porte un bonnet rond, à trois étages bas, sans visière, sans évasement de fond, avec, sur le devant, maintenue par une enseigne en forme de bague, une grande plume d'autruche qui s'en va retomber en arrière de la tête, dans un mouvement assez habile. Comme vêtement le personnage est enfermé dans une longue cotte d'armes festonnée en bas, et tombant plus bas que le genou. Cette sorte de tunique lâche est fermée, sur le devant, par une rangée de 14 boutons énormes, pareils à des besants; une ceinture de métal articulé la retient à la taille; une longue échancrure de côté, laissant la jambe libre, permet au centurion de monter à cheval. Cette jambe est armée d'une grève de métal très simple, sans genouillère historiée, comme on en verra dès 1400. Elle tombe sur un soulier ou *soleret* de fer pointu, incliné la pointe en bas, comme sont représentés les pieds de gisants sur les tombeaux gothiques du XIVᵉ siècle. De la main gauche, démesurément allongée et archaïque, enfermée dans un gant à crispin, le centurion s'appuie sur le pommeau d'une épée dont les quillons taillés au carré, sont légèrement incurvés dans le sens de la lame. La main droite sortant d'une manche large et rembourrée, lève l'index et indique le Christ en croix [1]. Une banderole part de ce doigt pour monter jusqu'à la croix et porte *en écriture onciale du XIV*[e] *siècle* la phrase consacrée : ᴠᴇʀᴇ ⁞ ꜰɪʟɪᴠꙅ ⁞ ᴅᴇɪ ⁞ ᴇʀᴀᴛ ⁞ ɪꙅᴛᴇ (VERE FILIUS DEI ERAT ISTE.)

Le centurion et le soldat, qui le suit immédiatement, ont une inclinaison particulière de la tête, un mouvement miniatural indiscutable que les artistes du xve siècle ne connaîtront guère plus. Ce soldat, lui aussi, regarde la croix; il a la tête cachée sous un bacinet conique, retenu par un collet ou *gourgerit* de mailles, et, sous ce collet, il porte une tunique plus courte que celle du centurion, également serrée à la taille par une ceinture articulée, également festonnée en bas, mais arrêtée aux cuisses. Les jambes ont la grève de fer très simple, de forme ancienne, sans fioriture. Il tient à la main une *vouge suisse* ou jurassienne, d'une forme très spéciale, pareille à un couperet, emmanchée d'une hampe. Ce piquier est imberbe. Le deuxième soldat aperçu derrière lui est barbu, il a le nez crochu, sa tête n'est pas inclinée. Il porte un chapeau d'armes en métal à arête frontière, assez semblable d'aspect à notre casque colonial. Constatons ici le peu d'évasement des bords de ce chapeau. La cotte d'armes de cet homme est plus longue que celle du piquier; de la main gauche il tient un arc — ou ce que la gravure nous en a conservé. Il a des gants à rebords, à *crispins*, comme son camarade, et, comme lui, porte des manches assez amples et qu'on sent rembourrées.

Nous reprendrons un à un les éléments graphiques de ces costumes en les comparant à des similaires datés ou des monuments

---

1. Dans le *Mystère* de la Passion, le centurion voyant Jésus percé au flanc par Longin s'écrie :

Et vere filius Dei
Erat iste ! Et de rechef
Je dis que ce saint homme cy
Estoit fils de Dieu sans meschief
(Louis PARIS, *Toiles peintes de Reims*).

Saint Matthieu dit, XXVII, 54 : « Centurio, autem, et qui cum eo erant custodientes Jesum, viso terre motu, et his quæ fiebant, timuerunt valde, dicentes : « Vere filius Dei erat iste ». C'est donc bien le Mystère qui règle le rôle du centurion.

authentiquement reconnus pour appartenir à une époque précise. Le Christ de la scène générale nous manque; par le plus ou moins de longueur de son voile, il nous eût indiqué son plus ou moins d'âge. Mais si, cherchant parmi les Crucifixions du XIVe siècle, un indice, un point qui nous fournît un contrôle assuré, nous opposons le bois Protat à certain ouvrage gravé sur or aux environs de 1380 et publié par Lenoir[1], nous constatons vite que ni le lieu d'origine, ni la date de fabrication ne concordent. La mise en scène du Mystère sacré n'était point la même pour l'auteur de cette pièce et pour le dessinateur de la nôtre. Dans la repro-

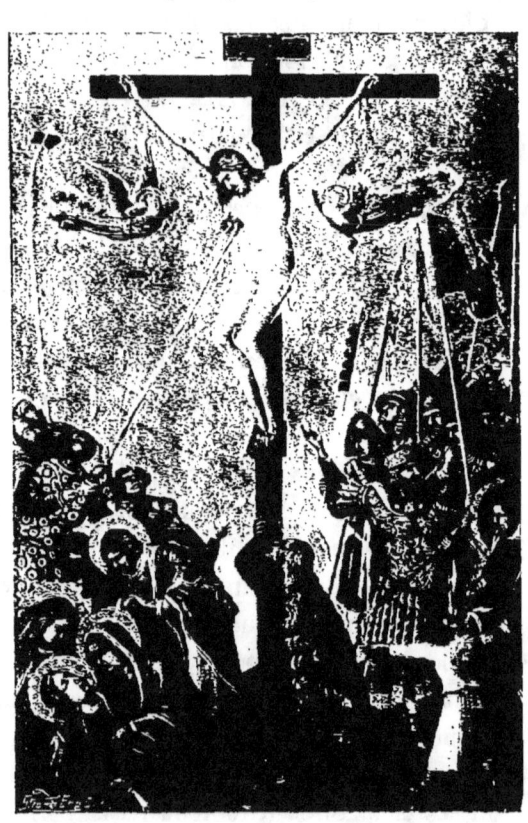

Crucifixion de Simone di Martino à Anvers. Avant 1344.
École italo-venaissine.

duction publiée par Lenoir, le centurion est encapuchonné, ses hommes ont le bonnet souple. Tous cependant s'accordent en

---

1. Lenoir, *Statistique monumentale, Célestins*, t. II des planches, pl. IX; texte p. 181. Ce travail de cuivre doré était sur la tombe du chancelier des Célestins, Philippe Adam; mais on n'a pas la date de ce personnage, mort dans la fin du XIVe siècle. Un des soldats de cette pièce porte le costume de chevalerie de 1380 environ, avec ceinture articulée et le bas du jacques déchiqueté.

époque avec nous par la barbe et les cheveux *virgulés*, les pieds inclinés sur la pointe, mais *sans poulaines*, les solerets et les ceintures articulées de la chevalerie quattrocentiste française. Une Crucifixion du Musée d'Anvers, œuvre italienne, donnée à Simone di Martino, si elle apporte nombre d'équivalences dans l'armement des soldats, leur tenue, la pose du centurion, accuse un peu plus d'archaïsme. Les piquiers du second plan sont, partie coiffés du chapeau de fer à ailes de notre second soldat, partie du bacinet conique de notre premier. Simone [1] travaillait à Avignon à la Cour des Papes vers 1340. L'œuvre conservée à Anvers est sûrement postérieure à cette date, mais elle n'est pas de beaucoup avant 1344, date de la mort du peintre. Ce qui frappe cependant, en rapprochant de notre bois modeste ce morceau capital de la peinture italienne au XIVe, c'est cette parenté incontestable d'époque, ce sentiment de contemporanéité, de synchronisme révélé par mille nuances d'attitudes, de costumes, de groupements. Toutefois, par le centurion de Simone di Martino nous observons bien vite la séparation ethnographique d'entre le grand italien et le pauvre tailleur de bois. A Sienne, Simone a quelques ressouvenirs de l'antiquité ; son personnage du centurion, s'il porte le jacques de mailles des chevaliers italiens, est revêtu, pardessus, d'une sorte de lorique historiée, sous laquelle tombe un long jupon. Rien n'est mieux fait que ce tableau admirable pour nous aider à comprendre notre petite œuvre ; d'abord parce que la scène de la crucifixion y est complète, sauf les deux larrons. Longin y perce, à la gauche, le sein de Jésus, la Vierge est évanouie dans les bras des saintes femmes ; en arrière du groupe des soldats qui se tiennent à droite, très exactement comme les trois nôtres — dans le tableau de Simone on compte douze personnes à cette place, — on aperçoit

1. Zani dit : « Lippo da Siena figlio di Memmo cioe Guguielmo da Siena, e cognato « di Simone de Martino, detto Lippo di Memmi o Memmo. » Tout cela est un peu obscur, mais il constate qu'il est fort habile et qu'il travaillait en 1333. On dit qu'il mourut en 1344. Cf. Le Prince d'Essling et Müntz, *Pétrarque.* Je réserve d'expliquer l'influence de ce peintre de Sienne établi à Avignon dans un autre ouvrage ; de même je ne parle point ici du *Parement de Narbonne* au Louvre.

la tête d'un vieillard coiffé d'une sorte de turban plaqué sur la tête, et dont les traits et la barbe rappellent étrangement ceux de notre centurion. J'ai rencontré de singulières parentés aussi dans les miniatures d'une Bible historiale ayant appartenu à Philippe le Hardi duc de Bourgogne, mort en 1404 et dont on reporte les peintures à l'année 1401 [1]. Je ne voudrais pas discuter trop cette date fournie par les catalogues de la Bibliothèque nationale dans lesquels ce manuscrit porte le n° 167 du fonds français, mais elle me paraît improbable. Tout concourt à faire de ce livre une œuvre de 1380 à 1390 : les personnages, les costumes, le type général des figures ; d'autres considérations d'ordre historique rendent la date plus inexplicable encore. Comment Philippe le Hardi, à demi ruiné et déjà fort gêné en 1401, eût-il commandé une pareille œuvre où les peintres devaient composer plus de 5000 vignettes ? A trois ans

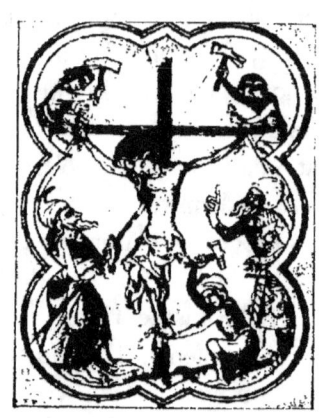

Crucifixion avec le Centurion barbu, par Hennequin Malouel. B. N. ms. fr., 167.

de là, Philippe mourait, tellement pauvre, que pour l'inhumer à Dijon, il fallut emprunter 6000 livres [2]. On a donné le nom présumable des auteurs de ces miniatures, Polequin Manuel et Janequin Manuel (*Malouel*), et le *Catalogue de l'Exposition de la Bibliothèque nationale* dit prudemment que les figures « paraissent avoir été commencées en 1401 ». Il y a de fortes présomptions pour que le travail eût été *fini* à cette date et que, depuis plus de dix ans, les esquisses en eussent été mises sur le manuscrit.

1. Bibliothèque nationale. *Notice des objets exposés*, 1881, n° 34. M. Bernard Prost confirme que ce ms. fut commencé en 1398. Il ne serait pas étonnant que les croquis préparatoires fussent notablement plus anciens.

2. Voir les comptes de la recette et de la dépense de la Cour de Bourgogne publiés dans le livre dédié à Gabriel Monod : *Études d'histoire*, in-8°.

Dans le nombre énorme des miniatures ornant ce précieux livre, la crucifixion est plusieurs fois donnée, et, dans la plupart des cas, le centurion et ses hommes sont représentés dans l'attitude des nôtres. Cependant avec la volonté de ne pas se répéter, les miniaturistes du duc de Bourgogne évitent de costumer leurs personnages de la même manière. Tantôt ils donnent au centurion un chapeau conique à arête de fer comme celui de notre second soldat, tantôt ils le coiffent d'un bacinet pointu comme le premier. Au folio 287 verso, à la 4e miniature de la première colonne, nos deux hommes apparaissent tels que nous les montre le bois Protat. Au folio 261, le centurion a le bacinet conique, celui des capitaines à cheval, de 1372, que nous a conservé Gaignières [1]; il porte une cotte festonnée et une grande barbe (2e pièce, 1re colonne). Néanmoins si l'allure d'époque, de lieu, de modes et d'usages est aussi voisine que possible, si le plus grand écart de temps entre ces miniatures et notre bois se peut limiter à un laps de cinq ou dix ans, jamais nous ne voyons au centurion la toque emplumée du nôtre et cette toque, nous ne la verrons *nulle part en une miniature ou une estampe* [2] avec ses *trois étages* et *sa bague*. Nous devons reconnaître de plus que la forme conique du chapeau de fer est plus évasée dans le ms. 167; on sent très bien que, de l'un à l'autre, certaines circonstances de temps, de modes, d'usages ont établi une démarca-

1. Je ne veux pas invoquer Roger de Gaignières pour une discussion aussi serrée que doit l'être celle-ci, parce que les documents qu'il nous fournit ont été dessinés par un artiste peu habile et peu consciencieux. Cependant nous trouvons au vol. Oa 12 du département des Estampes, une série de figures empruntées, par Gaignières, à un manuscrit daté de 1372, qui offrent un très grand intérêt et qui sont comprises dans les folios 55-82. Nous apercevons là, fort exactement costumés à la mode de notre piquier et de notre archer, des gens de pied de 1372. Le bacinet conique, le gourgerit, le chapeau de bataille en fer y sont les nôtres, avec des variantes. Cette constatation venant se joindre à tant d'autres nous fournit une présomption d'autant plus forte que nous avons, pour le contrôle, l'affirmation plus positive, moins littéraire, des tombeaux français datés qui feront la base d'une discussion ultérieure.

2. Derschau (*Holzschnitte alter deutscher Meister*, Gotha, 1808) publie une crucifixion mais la pièce en question est du xve siècle. Le centurion y a un bonnet avec *deux* plumes. L'inscription est en *minuscule gothique* naturellement. Mais nous retrouvons notre centurion, moins la plume, à peu près complet, dans une sculpture sur ivoire, œuvre française de 1375 environ. *Collection Spitzer*, I, pl. XX.

tion. N'oublions pas d'ailleurs qu'en ces temps, l'uniforme militaire n'existe pas, que chacun se harnache à son pouvoir, que les bacinets, les chapeaux de fer subissent les caprices des forgerons, ici ou là.

Cependant nul ne s'é-loignait du type géné-ral, parce que les sol-dats de tous les temps ont tenu à ne point paraître ridicules, et que c'eût été l'être de prendre une armure en dehors des usages. D'ailleurs, si, comme je le croirais volon-tiers, les miniatures grisailles du manuscrit 167 sont d'un Néer-landais ayant appris son art en France, peut-être n'a-t-il point aperçu dans les *batailles,* c'est-à-dire les armées anglaises qui ont dé-vasté le pays (et sûre-ment lui servent de

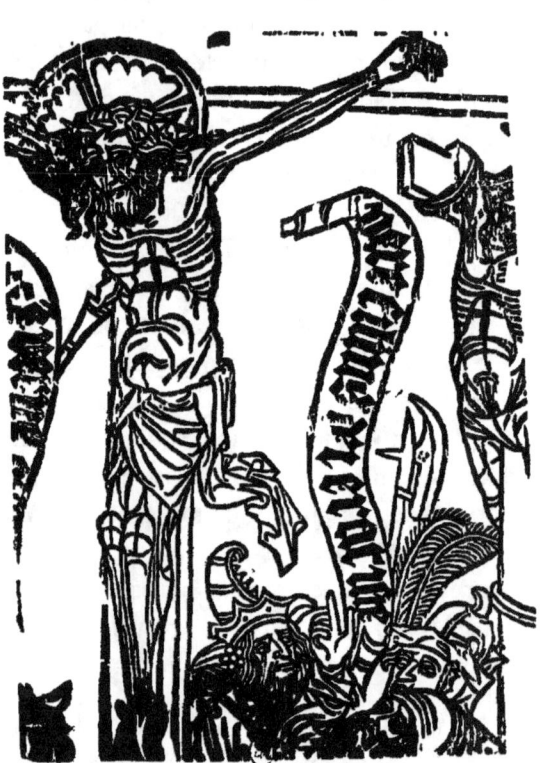

Crucifixion publiée par Derschau.

modèles à fixer la physionomie des bourreaux du Christ) des capitaines de bandes, des chefs de grandes compagnies troussés et équipés ainsi que notre centurion. N'oublions pas, en effet, qu'au plein de la guerre de Cent Ans, le *Drame de la Passion* se jouait un peu partout, et que c'était, pour les figurants, un beau jeu patriotique, s'ils habillaient les personnages antipathiques du harnois ennemi trop souvent rencontré en de tristes moments[1].

1. Consulter Siméon Luce, *Duguesclin et son époque*, Paris, Hachette, 1876. M. Luce

A la date que nous indiquons les crucifixions sont relativement rares. M. Schmidt, dans les reproductions des incunables de Munich, a bien daté de 1370 un *Calvaire*, c'est-à-dire le Christ en croix entre sa mère et saint Jean, mais que prouve cette date par approximation ? Les personnages y ont le costume traditionnel, assez peu varié d'un siècle à l'autre; les plis d'étoffe sembleraient d'ailleurs donner tort à son opinion [1]. De même, certaine crucifixion émaillée du Musée du Louvre, où le centurion porte un turban et un cimeterre, nous paraît sensiblement éloignée de la date qu'on lui attribue [2]. Au contraire, les très riches *Heures* du duc de Berry, de la fin du xive siècle ou du commencement du xve, nous offrent un centurion dans l'allure générale du nôtre, coiffé d'un bonnet, portant la barbe et vêtu d'une longue robe. De plus, on voit ce personnage appuyé sur son glaive comme le nôtre et comme lui aussi, il a les doigts d'une longueur un peu forcée [3]. La robe, toutefois, écrit une différence de dates très sensible.

En examinant les incunables, prétendus allemands, de l'époque voisine, que leurs historiens spéciaux classent entre 1400 et 1440, la séparation d'entre notre bois et eux éclate aux yeux. Comme art, comme disposition scénique, comme intentions même, c'est un siècle d'éloignement. Prenons pour exemple la crucifixion publiée par Schmidt sous le n° 8. Le centurion est à la droite du Christ, à la gauche du spectateur, il porte une espèce de mître bizarre, un jacques de mailles, son attitude est peu noble. Au nombre des figurants qui, tous, arborent des accoutrements flamands exagérés, des tuniques déchiquetées du xve siècle et des rouelles d'infamie [4], pas un

nous indique plusieurs représentations de Mystères en province pendant que les Anglais tiennent le pays. Voir aussi Petit de Julleville, *Les Mystères*, Paris, Hachette, 1880, 2 vol.

1. Cependant on doit remarquer l'inclinaison des têtes qui est une présomption d'antiquité.

2. On la dit du xive siècle dans le *Catalogue*, série D, n° 182.

3. Voir, aux Estampes de la Bibl. Nat., le calque de M. de Bastard, au mot *Crucifixion*, Ad. 150.

4. Cette pièce que nous étudierons ailleurs est sûrement de l'École de Bourgogne, mais de 1415 environ. La rouelle d'infamie ne fut portée, en Allemagne, que postérieurement à 1450.

ne rappelle, même de loin, la contenance noble et archaïque des nôtres. Le chapeau de fer conique de l'un des hommes est exhaussé d'un talus, à la mode des Anges de l'Euphrate, dans les plus médiocres et postérieures éditions de l'Apocalypse. Les pieds de ces hommes sont logés en des bottes souples, celles du xvᵉ siècle, formant « pince de homard ». Point capital, l'inscription du centurion est en minuscule gothique, celle qui est restée en Allemagne de nos jours encore. Nulle part, d'ailleurs, je ne retrouve l'inscription en onciales de notre bois, ni dans les œuvres françaises, ni dans les allemandes, ni même dans les flamandes, et ceci est à retenir, car cette forme de lettres bien françaises, grasses et amples, tout à fait dans le module des lettres de 1350 à 1375, *n'a jamais été retrouvée en nombre sur un xylographe* [1]. Après 1375 même, bien peu de miniatures en conservent dans leurs légendes. Les *Heures* de l'abbé Ythier de 1410, reproduites par M. de Bastard [2], celles de la famille de Marans [3] qui toutes deux nous fournissent une crucifixion, un centurion et une légende, ont cette légende en cursive gothique. Nous aurons occasion de discuter plus amplement ce point, mais nous pouvons dès maintenant constater que cette lettre magistrale, qui disparaîtra des tombeaux vers la fin du xivᵉ siècle, qui du moins n'y apparaîtra plus après 1380, sinon à titre exceptionnel, donne au bois Protat une antériorité sur toutes les crucifixions xylographiques. On n'eût sûrement point taillé à grand'peine, au xvᵉ siècle, des caractères tombés en désuétude, sur une figuration destinée à la masse ignorante, avec la certitude que personne ne la saurait déchiffrer. Au contraire l'onciale est encore courante après 1350, on la peut lire sur les pierres tombales, sur les tableaux, au bas des sculptures. Comment admettre qu'un copiste du

---

1. On la voit encore, en 1377, sur le monument de Berthold Rucker, seigneur allemand publié par Hefner Alteneck, *Costumes et objets d'art*, pl. 203. Mais cette onciale est grêle et pauvre, sans rapport avec l'onciale française de notre bois ; elle est d'ailleurs sur un tombeau. Je serais vivement reconnaissant aux personnes qui me signaleraient un xylographe tiré sur papier avec onciales.

2. Bibl. Nat., D⁺ des Estampes, Ad. 150, *Crucifixion*.

3. *Ibid.*

xve siècle, c'est-à-dire un secondaire, un borné, ait pu faire montre d'archéologie au point de la reprendre, lorsque personne ne la pouvait épeler ? J'irai plus loin. L'eût-il trouvée sur un modèle à transcrire, il l'eût purement et simplement remplacée par la minuscule usuelle, comme il remplaçait les solerets par des poulaines, les plates simples par des plates historiées, et les longues houppelandes par des justaucorps de moyenne longueur.

Si nous passons au revers du bloc Protat, dans le moment aux trois quarts écrasé par la pression des carreaux de dallage, et mangé des cirons au point d'en tomber en poussière, nous n'apercevons plus guère vers le coin inférieur de gauche que le bas de la robe et le bout des

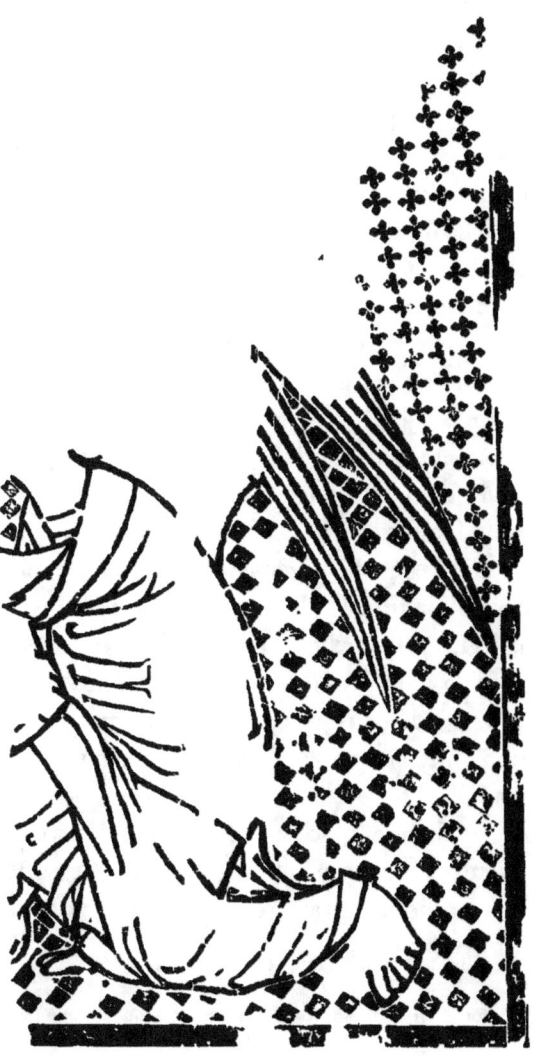

Fragment de l'Annonciation du bois Protat, non terminé (Les losanges devaient être taillés en quartefeuilles partout, sauf sur le parquet).

ailes d'un ange agenouillé. A première vue on est frappé de la différence marquée entre cette partie du bois et l'autre, comme si deux mains, deux artistes d'époques diverses, eussent successivement taillé la même planche, l'un au droit, l'autre au revers. Ce qui donne à cette partie fragmentaire du verso une apparence plus archaïque, et semblerait lui conférer un droit de priorité, c'est la beauté du torse deviné sous les plis d'une robe fort habilement indiquée *sans un seul trait d'ombre*, l'adresse de certains détails, la draperie du manteau aux approches du col, et cette attache du cou elle-même, si gracieuse. Sans doute le pied est rudimentaire, mais, si l'on y veut prendre garde, c'est plus l'outil qui a trahi le tailleur de bois, que non la médiocrité du dessin. On sent que le graveur s'est ménagé une partie en relief, dans laquelle il a obtenu les cinq doigts par un simple effouillement [1]. Puis ce sont les ailes en pointes, gladéolées, pareilles à celles que le miniaturiste Jean Miélot donnera plus tard à l'ange supportant les armoiries de Philippe le Bon [2] et que donnera à « Bel Accueil » et à Cupidon l'exquis artiste du duc de Berry dans les miniatures du *Roman de la Rose* [3], non plus déjà celles du Jugement dernier au Campo Santo de Pise, ni celles des miniaturistes allemands du temps, mais ailes de l'art bourguignon, signées, formelles, indiscutables. Il y a, par le fait de ces deux ailes, dont la pointe touche la bordure, une prise-à-partie, un départ tout à fait unique dans la répartition des motifs du fond. Ce fond, qui est un damier, ou si l'on veut, un losangé, au-dessous des ailes, en arrière de l'ange et qui, sans *former le terrain* tombe à la bordure du bois, se change, grâce à l'aile droite, à la faveur de la ligne oblique, en un semis de quartefeuilles gothiques. Ce sont là deux sortes de semis fort en honneur au XIVe siècle chez nous [4].

1. Comparez ces pieds à ceux du Christ dans le retable de Cluny de la collection Baudot, n° 1012.

2. Bibliothèque Bodléienne à Oxford, *Miracles de N.-D.*, ms. français du commencement du XVe siècle.

3. Bibliothèque Nat., Dép. des mss. français 380. Voir également le ms. 1379 où, dans une représentation de l'Enfer, on aperçoit, volant dans le ciel, un ange dont les ailes sont expressément celles du nôtre. Les exemples sont innombrables. Ce sont les anges de Fra Angelico aussi.

4. Voir les mss. cités plus haut. Le losangé est une des formes les plus courantes. Quant

Les beaux manuscrits français de la seconde moitié du xive siècle ne nous donnent pas une seule miniature sans ces arrière-plans de décoration, qui sont alors une nécessité graphique aussi impérieuse que le seront les paysages au xve siècle, ou les grandes draperies au temps d'Hyacinthe Rigaud. Pour se faire comprendre, et mieux parodier la peinture murale ou la miniature, le graveur du bois de La Ferté a tenu à produire ce jeu d'arrière-plans, dût-il lui en coûter une peine énorme[1]. Sur le laiton ou sur l'étain que certains ouvriers ouvraient en relief, ces fonds se pouvaient obtenir par un travail de taille-douce, en reproduisant des criblés, des lignes, des formes géométriques destinées à apparaître en blanc lors du tirage; sur la planche de noyer la pratique ne peut être semblable. Il faut donc que cube à cube, fleur à fleur, chacun des deux éléments décoratifs de cet arrière-plan se découpe, se débarrasse de son voisinage par un profond fossé, et fournisse, sur la table de bois, un alignement en saillie. Ceci, au couteau, au grattoir à écrire, celui avec lequel on efface le jambage mal venu, ou l'abréviation maladroite d'une page d'écriture. J'ai cherché d'autres incunables qui montrassent la particularité des fonds identiques, je n'en ai vu nulle part d'ainsi mi-partis, losangés et fleuretés. J'en conclus que le travail est inachevé, et que les losanges servaient à former des quartefeuilles.

Comme tous les similaires du xive siècle, l'ange est drapé dans un long manteau en chappe. D'ailleurs nous connaissons cet ange, sauf que sa forme soit moins élégante, ses ailes moins pointues, nous l'avons maintes fois retrouvé absolument pareil, orienté de même, dans les sculptures d'église, les verrières, les fresques ou les miniatures. Sa représentation est constante dans les vieux xylographes,

aux quartefeuilles, elles sont ordinairement formées par la réunion de frettés ou de losangés. Dans la *Vie de saint Clément*, ms. 5227 à la Bibliothèque de l'Arsenal, dont nous parlerons ci-après, ces quartefeuilles sont l'ornement le plus constant des ceintures et des bordures d'habits. On le retrouve sur les reliures de Louis XII au xvie siècle.

1. Nous aurons occasion d'expliquer ci-après comment un tombeau récemment découvert à La Ferté-sur-Grosne, porte justement un de ces fonds losangés, qui devaient être une mode du pays, car les sépultures ainsi décorées sont assez rares.

sur le plat des reliures, dans les moindres objets, il restera le même pendant des siècles. C'est Gabriel annonçant à la Vierge qu'elle sera la mère de Dieu, c'est l'*Annonciation* qui, avec la *Crucifixion*, formera cette bilogie des diptyques, l'*alpha* et l'*oméga* de la vie du Christ, le principal sujet traité par les vieux maîtres imagiers [1]. Nous reconstituons sans peine le thème d'après les monuments. A droite de l'ange, sur le bois (à gauche lors du tirage), la Vierge est agenouillée devant son prie-Dieu, sous une niche d'architecture gothique; en haut, la figure du Père Éternel, issant de nuages, darde de sa bouche un rais lumineux sur elle. Entre Marie et l'ange, un vase est posé à terre, et, dans ce vase, il y a des lis. Les Évangiles apocryphes ont précisé l'épisode, ils n'ont oublié ni le Saint-Esprit, facultatif d'ailleurs, ni le phylactère portant, suivant les époques, en onciales ou en minuscules gothiques, *Ave Maria gratia plena*. Je n'ai jamais vu d'onciales xylographiques à cette représentation, mais, par la présence de cette forme de lettres au recto de notre bois, je ne doute pas que le revers n'eût les mêmes. Je signale ici comme ayant pu servir d'inspiration à l'artiste du bois Protat, l'*Annonciation* en fresque du cloître d'Abondance en Savoie [2], dans laquelle l'ange occupe précisément la situation du nôtre, et où la Vierge se tient à droite sur un fond décoratif. Une autre Annonciation, xylographique cette fois, est au Cabinet d'estampes de Munich, elle a été publiée par le Dr Schmidt sous le numéro 21; mais, bien que reportée par lui au premier quart du XVᵉ siècle, elle nous paraît du XIVᵉ à cause du costume de la Vierge, de sa robe plaquée de 1370-80 environ, partout rencontrée dans les monuments de cette époque surtout dans la région bourguignonne et lyonnaise [3]. Le papier et le

1. De Laborde. *Les Ducs de Bourgogne.* Preuves nᵒˢ 5740-5743. L'auteur cite un tableau du duc Louis d'Orléans, mari de Valentine de Milan, formant diptyque, l'un des volets représentant une *Annonciation*, l'autre une *Crucifixion*. Voir aussi le *Dictionnaire* de Jal, page 681; il s'agit de la reliure d'un livre dont l'un des fermoirs portera une Annonciation et l'autre une Crucifixion.

2. Gélis Didot et Laffilée. *La Peinture décorative*, t. I. La composition du cloître d'Abondance est absolument française.

3. Cette pièce du Cabinet de Munich me paraît une pièce française, du moins je n'y puis voir un travail allemand. Quant à la date, tant que puissent retarder les pays d'Eu-

tirage ont pu égarer la sagacité de M. Schmidt, mais les conditions archaïques de cette pièce ne laissent aucun doute. Saint Joseph y est encapuchonné comme un paysan du manuscrit français 167, comme ceux fournis par Gaignières d'après un original de 1372; il a les cheveux en virgule; la Vierge est devant un pupitre d'une forme gothique fort ancienne.

Les fonds en semis qui ont été, dès le XIIIe siècle, la décoration ordinaire des miniatures, qui forment, en arrière des figurines, une muraille richement tendue de tapisseries d'or, sont à leur maximum d'éclat entre Philippe le Bel et Charles VI, chez nous. On les verra se continuer dans les peintures murales et autres, jusqu'au premier quart du XVe siècle, mais plus simplifiés et autrement présentés. Très rares dans les xylographes connus, ils paraissent avoir de très bonne heure découragé les tailleurs sur bois; cette besogne supplémentaire, outre la peine qu'elle leur causait, se trouvait être sans résultat appréciable, puisque les peintres la délaissaient dans leurs œuvres. Or ce que voulaient surtout les imagiers primitifs, je le répète c'était la confusion aussi grande que possible avec la peinture. Certaines pièces xylographiques pourvues de semis de fonds, et approximativement datées par des iconographes, ne prouvent rien contre cette thèse, puisque l'opinion de ces savants ne repose guère que sur des raisons extrinsèques papiers, tirages ou coloriages. Il est certain que l'estampe publiée par M. Schmidt sous le nº 23, doit être fort rapprochée de la nôtre, avec son semis de besans étoilés, pour fond général; mais

rope de l'un à l'autre, il est impossible de reporter la robe de la Vierge beaucoup après 1380. Si l'on veut bien consulter à la Bibl. nat., Dép. des mss., les nᵒˢ 380, 574, sans compter le 167, on se convaincra de l'extraordinaire rapport des modes rencontrées là, avec celles de l'incunable dont nous parlons. On peut rapprocher également le ms. de Laon représentant la reine de Saba venant visiter Salomon, ou les statues des deux femmes de Louis le Mâle reproduites dans Quarré-Reybourbon (*Trois recueils de portraits*, 1900, in-8º, pl. VII). L'une de ces femmes, Marguerite de Brabant, est morte en 1368. Une autre suite de miniatures de 1400 environ montre encore, dans la région de Metz, des femmes ainsi costumées, ce sont les filles d'une maison de plaisir dans la *Vie de saint Clément* (Bibl. de l'Arsenal, 5227, fol. 12). D'ailleurs la pièce de Munich fait partie d'une suite d'œuvres dont j'espère avoir découvert l'origine, et que je me propose de décrire dans un ouvrage sur les xylographes du Cabinet de Paris.

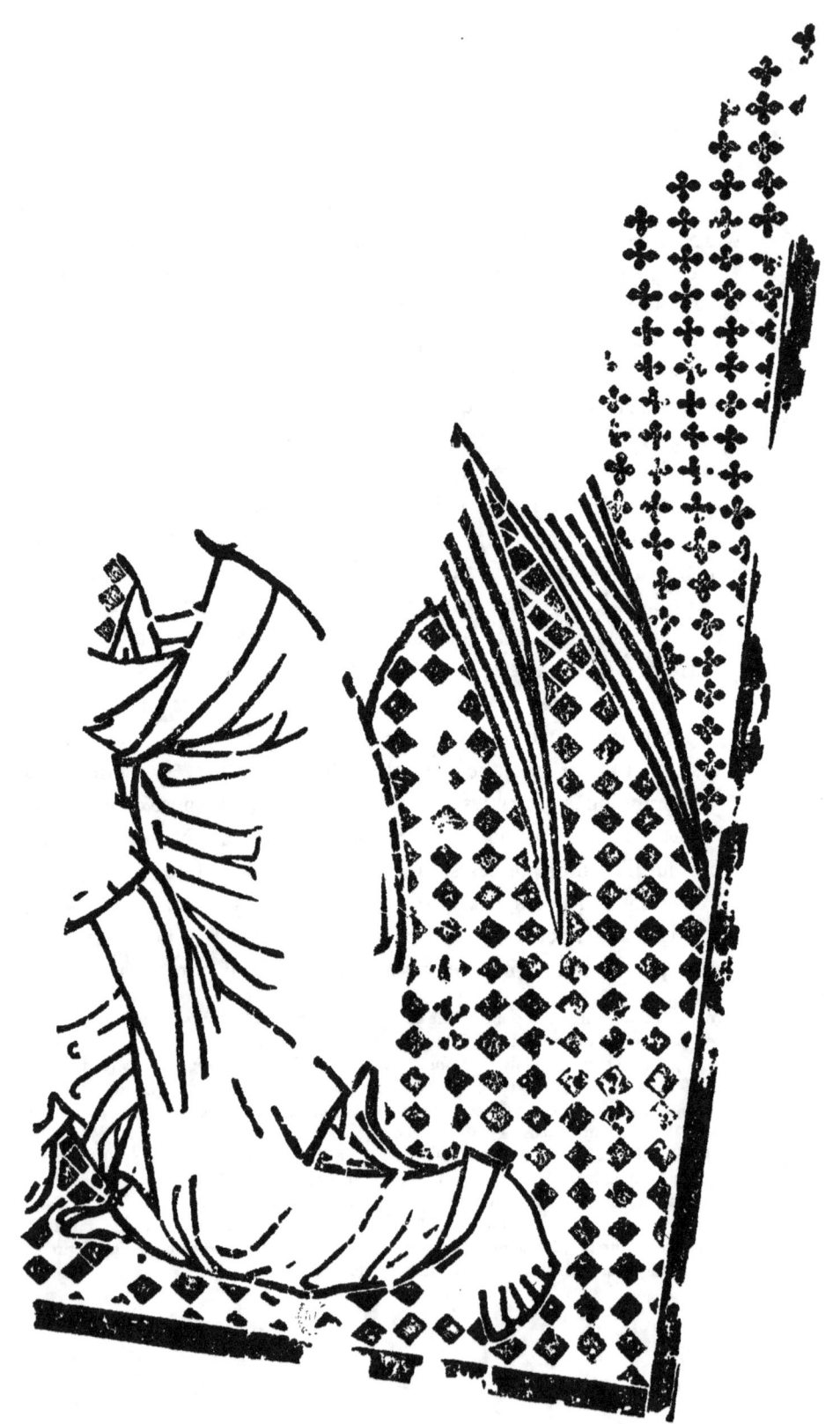

M. Schmidt ne dit pas quelles raisons l'ont poussé à la dater de 1435. Une sainte Dorothée (?) (n° 4), traitée *sans ombres portées*, comme toutes les images dont nous parlons en ce moment, et munie d'un fond, est assignée à 1410. En l'état actuel de la question, si l'on n'apporte pas

la preuve d'une transcription littérale après coup, ou d'un besoin particulier de décoration, comme le nécessitaient les fers de reliure, tous ces semis, ces frettés dans le genre de celui de la Vierge de Lyon, les arabesques aussi, et en général les singularités offrant au tailleur d'images une peine plus grande, un surcroît de travail, ne s'expliquent que dans l'hypothèse d'un fraudeur cherchant à parodier les peintures murales, les tableaux, même aussi, certains à-plats de sculpture mis en couleur. Dans la gravure dite en criblé, les fonds se poursui-

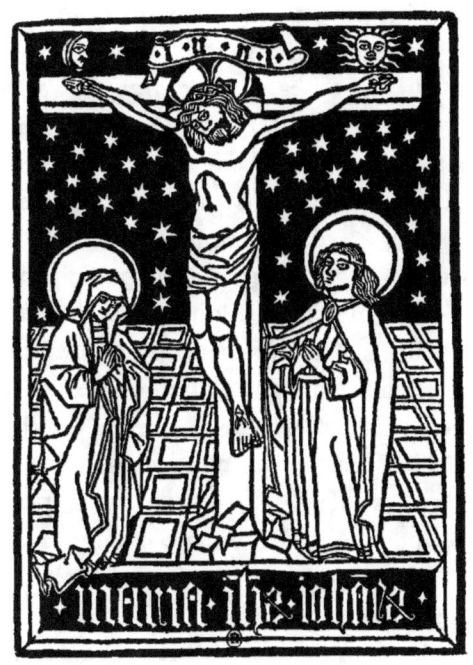

Crucifixion avec fond étoilé et inscription réservés en teinte.
D'après Derschau.

vront jusque très tard, mais ces clichés sur métal ont une destination spéciale pour la décoration des livres; ils servent le plus ordinairement au gaufrage des couvertures en peau, il les faut ornementés, chargés de travaux. Aussi bien la main-d'œuvre qu'ils comportent n'a pas les gênes de la taille d'épargne sur bois; au lieu de sertir le trait, de le ménager, on le creuse simplement en taille-douce, c'est une nuance [1].

1. Toutes les discussions sur ce sujet nous seraient facilement aplanies par la découverte d'un bloc original. Au fond, la manière dite *criblé* est de même principe que la taille

L'art du bois Protat nous offre d'ailleurs des présomptions d'un autre ordre en faveur de son ancienneté. Il est reconnu dans l'instant, et ceci par tout le monde, comme nous l'avons dit déjà, que la façon malhabile d'un bloc taillé, que son dessin misérable n'est jamais une note de priorité. Dans l'idée d'une supercherie, la seule plausible lorsqu'il s'agit des incunables historiés, les premiers artistes s'évertuaient à établir une confusion entre l'œuvre du peintre et la leur. *C'est pourquoi tous barbouillent leurs épreuves, en épaisseur le plus souvent, au point de cacher le trait.* Et ce trait poncif, seulement destiné à la multiplication rapide et productive, ils le voulaient d'autant plus impeccable, qu'au fond, il devait figurer la ligne dessinée par eux au crayon ou à la plume, et convaincre les incrédules d'une besogne originale. Le dessin de notre bois, tout en participant des erreurs ambiantes, gracilité des membres, allongement des corps, pose inclinée, grosseur des têtes, en un mot de tout ce qui caractérise le gothique du xive siècle, témoigne aussi d'une grande noblesse d'attitudes et d'agencement. Ces hommes, un peu serrés le uns contre les autres, à la façon archaïque des miniateurs et des sculpteurs d'alors, expriment un art définitif et complet, tel qu'un peintre ne l'eût renié. Même la taille du bois, toute brutale et simpliste qu'on la voie, ne laisse pas que de contourner avec assez de prestesse les cheveux enroulés, les moustaches en copeaux; elle indique sans trop de mécomptes la rondeur des boutons ou l'entremaille des gourgerits. Si l'on oppose ce caractère de main-d'œuvre aux premières éditions de l'Apocalypse,

en bois dite *teinte*; elle obtient ses effets, non pas en ménageant la ligne, mais en la creusant. La surface plus ou moins chargée de travaux en creux, et enciée dans toute son étendue, laisse apparaître ces creux en blanc, lors du tirage. Si l'application de cette pièce de métal se fait sur une peau de reliure préalablement collée sur une sorte de mastic en épaisseur, le cuir refoulé pénètre dans ces cieux, et fournit, lorsque l'opération est terminée, des bosses en relief. On peut voir des gaufrures de ce genre dans beaucoup de livres du xve siècle, français ou allemands. D'ailleurs ces blocs sur métal étaient à deux fins; lorsqu'ils comportaient une bordure, comme le saint Bernardin, on pouvait, en n'encrant que cette bordure mobile, l'imprimer sur un feuillet et obtenir ainsi une décoration dans laquelle, ensuite, par un second tirage on introduisait un texte. C'est en combinant à la fois le criblé et la taille en relief sur bois que les vieux maîtres français, employés par Simon Vostre, produisirent les exquises vignettes d'encadrement de nos livres d'heures.

on aperçoit très vite les identités; mais, dans sa tenue, notre bois reste supérieur. Mis en regard de la Crucifixion de Munich dont nous parlons plus haut, c'est en archaïsme, en sérénité, en intentions heureuses, une extraordinaire séparation. On dira, et l'objection m'a été présentée par M. Jules Protat lui-même, que le bois trouvé à Senne-

cey peut être la copie littérale d'une œuvre plus ancienne, qu'un tailleur d'images habile, un moine sans doute, se sera inspiré d'un vitrail ou d'une peinture murale pour en façonner un xylographe modeste, réservé à un tirage journalier. Et si l'on admet la copie, pourquoi n'eût-elle pas été faite dans le xve ou même le xvie siècle ?

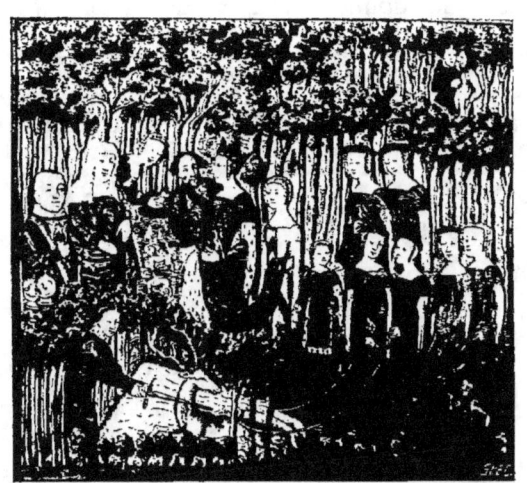

Hallali du cerf en présence de Jeanne de Bourbon, reine de France.
Coiffures identiques à celles de la *grande prostituée* de l'Apocalypse.
B. N. Estampes Oa 12, fol. 15.

L'objection tombe devant les faits; il faut se reporter aux usages des artistes des xive et xve siècles pour la détruire. Je n'ai vu qu'une seule fois un sculpteur du xve siècle s'inspirer, en 1454, d'images *plus anciennes* et les transcrire sans y rien changer. C'est Jacques de Gérines à qui le duc Philippe de Bourgogne commanda le tombeau de Louis de Mâle, duc de Flandre, pour l'église Saint-Pierre de Lille [1]. Par exception, le sculpteur se trouvait en face d'une besogne très définie; on lui imposait le visage et les attitudes du prince, de ses

1. Quarré-Reybourbon. *Trois recueils de portraits aux crayons ou à la plume représentant des souverains ou des personnages de la France et des Pays-Bas.* Lille, 1900, in-8°. M. Q.-Reybourbon étudie dans ce livre les recueils d'Antoine de Succa, il en extrait quelques portraits, dont ceux de Baudouin et de Louis de Mâle, pl. I, II (p. 60 du livre).

deux femmes et de toute une série de figurines en pied représentant les membres plus ou moins éloignés de la famille. Au temps du duc Philippe le Bon, c'est, pour un artiste, une mode étrange que la moustache ou la barbe; personne n'en porte plus que les très lointains reîtres allemands; or le sculpteur Gérines la conserve à Louis de Mâle, il lui donne le chapeau de castor semblable à celui de notre

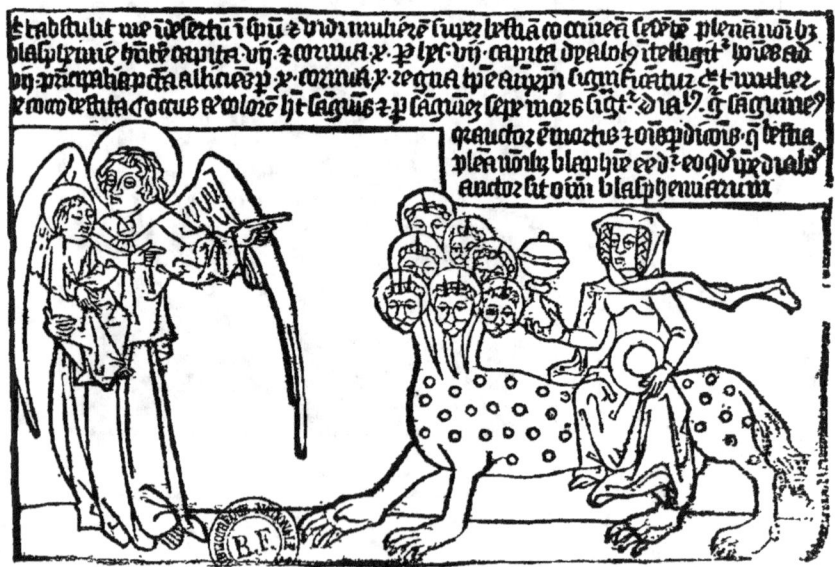

Apocalypse, 1ᵉ-3ᵉ édit., pl. XXVI La grande prostituée sur la bête. Coiffure française de 1370-90

centurion qui fut celui des chefs avant la fin du XIVᵉ siècle, et Louis de Mâle est mort en 1383; le portrait qui servait à Gérines était sûrement d'une date antérieure[1]. Le tombeau est malheureusement détruit, mais les figures nous en ont été conservées par un dessinateur fort habile et fort consciencieux, Antoine de Succa. Une preuve d'ailleurs que le sculpteur Gérines avait reçu des renseignements formels en ce qui concerne le tombeau de Louis de Mâle, c'est qu'on

1. L'original copié par Gérines était d'André Beauneveu. Peut-être même la statue de Louis de Mâle sculptée par Beauneveu fut-elle conservée et mise sur le tombeau. Cf. Mgr Dehaisnes, *L'Art dans les Flandres*, III, 248.

lui demanda par la même occasion celui de Baudouin, comte de Flandres, mort en 1027, cette fois hélas! sans document, sans rien qui permît une reconstitution. Gérines, en bon artiste du xve siècle, n'imagine pas que rien pût être plus ancien, dans le passé, que Louis de Mâle; il affuble Baudouin de Flandres d'un jacques de mailles, d'une cotte dentelée, et de plates aux jambes, dans le goût de celles de Louis de Mâle [1]. Quant aux figurines en laiton destinées au soubassement du tombeau de ce dernier, Jacques de Gérines ne les modelait pas toutes d'après nature, quand cependant la plupart des personnages vivaient encore, mais d'après d'anciens portraits, car les femmes y ont les costumes de la duchesse de Bedford, ceux de 1415 environ, et la duchesse est morte vingt-trois ans avant l'entreprise de Gérines [2]. A part cet exemple unique de reconstitution, d'ailleurs fort explicable à la cour de Bourgogne, jamais un dessinateur, un peintre ou un sculpteur des xive et xve siècles ne transcrit fidèlement, aveuglément ou frauduleusement, au point de laisser confondre sa copie avec l'original pro-

1. Il faut d'ailleurs remarquer que le tombeau exécuté par Jacques de Gérines est une œuvre d'État, qu'on la sent ainsi, que des portraits anciens des personnages existent dans les collections ducales, sur des monuments ou des peintures. Mais, pour le pauvre artiste des bois d'une publication populaire, rien n'existe qu'il puisse copier dans le genre utile à sa vente. Ces gens n'ont encore aucune notion, je ne dirai pas d'archéologie ou de rétrospectif, mais d'époque, assez éloignée pour que les vêtements aient varié leurs formes. En saine critique, on observe communément que les usages d'une génération ou ses coquetteries ne dépassent guère un quart de siècle d'existence. Lorsque les délicats et spirituels vignettistes de Simon Vostre voudront montrer la « vieille demoiselle », ils lui donneront, sous Charles VIII, les hennins de Louis XI. Si, au contraire, eux ou leurs prédécesseurs montrent la « grande prostituée » de l'Apocalypse ou les jolis péchés capitaux de l'Oraison dominicale, ils expriment en toilettes, en coquetteries, ce qu'ils voient de plus récent et ce qui frappera naturellement, par comparaison, l'esprit du spectateur. Nous pouvons donc hardiment affirmer que, dans le cas où ils nous montrent un prophète, des philosophes ou des patriarches, ils représentent les hommes âgés de leur temps, mais que s'ils nous veulent produire une pécheresse, des soldats, ils prennent les jeunes, la dernière coupe d'habit, d'armure ou de robe. La « grande prostituée » de la première édition de l'Apocalypse est coiffée comme la reine de France, Jeanne de Bourbon, comme toutes les beautés d'avant 1370. Mettons que les modes aient subi un retard dans le pays où habite le dessinateur de la scène, c'est au plus 1390-1400 (voir les fig. p. 59 et 60).

2. Cependant la plupart des dames ont reçu des truffauds, entre autres, Catherine de Bourgogne (pl. VII du livre de M. Quarré-Reybourbon), fiancée du roi de Sicile, laquelle est une véritable Agnès Sorel dans sa tournure; elle mourut en 1432, sans avoir été mariée.

posé [1]. Une preuve topique nous est fournie par les éditions du xylographe célèbre de l'*Oraison dominicale* dont la première date du règne de Charles VI, soit du premier quart du xve siècle, dont la seconde fut taillée et publiée plus de vingt ou trente ans après [2].

L'artiste de la première édition ayant à montrer, dans la planche VIII, les péchés capitaux, leur donne la figure de dames Flamingo-Bourguignonnes de son temps. Toutes sont assises à une table, en la compagnie d'un frère qui a mal tourné (frater inobediens) et qui fait assez joyeuse chère. Or, dans une intention ironique sans doute, pour sa figure de l'*Avarice envieuse*, la *Concupiscentia oculorum*, le dessinateur nous montre assez exactement Jeanne de Presles, concubine du duc Philippe le Bon, et mère du grand bâtard [3]. Elle, ou Guigonne de Salins, femme du chancelier Rolin, mariée en 1411, et qui fut vraisemblablement peinte l'année de son mariage, portent toutes deux la coiffure des vices capitaux de l'*Oraison dominicale*. Que se passe-t-il ensuite, lorsqu'après vingt ans écoulés, les figures ainsi accoutrées se comprennent moins et qu'il faut une accommodation pour la génération nouvelle ? Le copiste calque, pour ainsi dire, la disposition générale de la scène primitive, le nombre des personnages, les inscriptions, mais les jolies pécheresses recevront la parure de son temps, les truffauds d'Agnès Sorel ou de Marie d'Anjou, ceux que

1. Il faut cependant citer un exemple à peu près unique mais bien précieux d'une copie au xive siècle, par un graveur au burin. C'est lorsque Charles V offrit à la Sainte Chapelle du Palais, en 1379, le livre, appelé alors l'*Apocalice*, qui était un livre des quatre évangiles écrit et enluminé en 1012. Le roi, avant de le donner, le fit décorer d'un plat en métal, et sur ce plat, il fit exécuter un nielle d'après la miniature du fol. 115 dans le ms. On voit que le graveur a religieusement transcrit, sans y rien changer, la figure du saint Jean et les architectures ; mais arrivé aux fonds, il n'y put tenir ; il les sema de fleurs de lis. De l'écriture carolingienne, il fit de l'onciale, *celle du bois Prolat*. Voilà qui est péremptoire. Le manuscrit est exposé à la Bibliothèque nationale (*Exposition des mss.*, n° 257). Si l'on considère l'ouvrage à un autre point de vue, celui de la perfection de la gravure en taille-douce, on demeure stupéfait des ressources de pratique retrouvées chez ce graveur anonyme français, à cent ans de la découverte de l'impression en taille-douce.

2. Pour faciliter les constatations, je prends les deux planches de l'*Oraison* publiées par Dutuit. *Manuel de l'Amateur d'estampes* (Planches).

3. Le portrait de Jeanne de Presles doit remonter à 1415 environ ; le grand bâtard est de 1421. Quarré-Reybourbon, *ouvr. cité*, p. 21 et 29.

Jacques de Gérines conserve à certaines figures de son soubassement, et qui sont contemporaines de 1440 à 1450. Même cette copie de l'*Oraison* nous révèle un fait curieux; dans la première édition une des femmes tient un cercle ou chapel de chevalerie, dont elle s'apprête à couronner le frère relaps; à la seconde édition, la femme correspondante tient toujours le chapel, mais comme la mode en est tombée, le dessinateur ne comprend pas, et cette femme tient cet objet sans but, parce que l'original transcrit était ainsi. J'ai déjà plusieurs fois cité les *Apocalypses* ci-devant, ils vont être invoqués encore. Dans la première

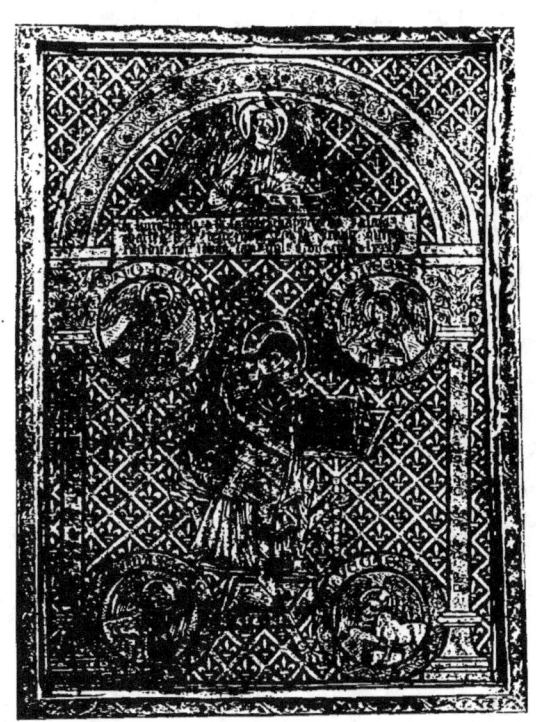

Plaque d'une reliure de la Sainte-Chapelle, gravée au burin vers 1378, avec figure du XIᵉ siècle (voir p. 62, note 1).

édition, saint Jean écrivant, tient d'une main sa plume et de l'autre son grattoir. C'est donc bien le temps où le scribe est un ouvrier consciencieux ignorant l'écriture cursive et personnelle[1], dédaigneux des xylographes, et qui effacera au grattoir la moindre erreur de jambage dans la copie pour ainsi dire imprimée. Les éditions sui-

1. Je voudrais qu'on rapprochât le texte de cet *Apocalypse* de l'écriture du ms. fr. 1950, *L'information des Rois*, à la Bibliothèque nationale. C'est une identité absolue de caractères. Or le manuscrit est du plein XIVᵉ siècle.

vantes au contraire, celles du xvᵉ siècle, nous montrent un scribe de
la nouvelle observance, un homme dont les lapsus ne se corrigent
plus au grattoir, et saint Jean n'a plus de grattoir. Si donc il arrive
qu'un graveur transcrive littéralement l'œuvre d'autrui, sans ajouter
rien ni en costumes, ni en détails, sans remettre à la mode le sujet

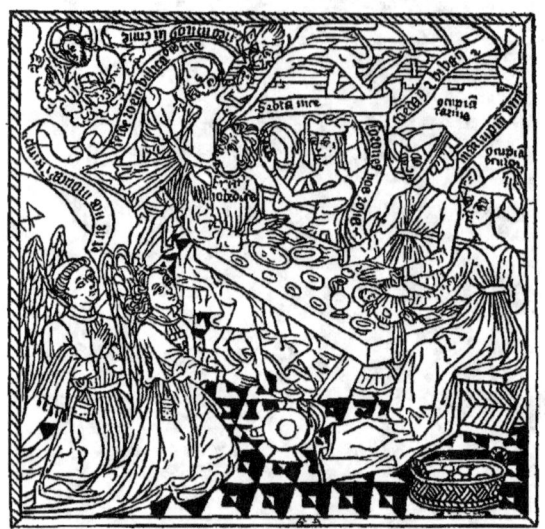

Oraison dominicale, 1ʳᵉ édit., pl. VIII. Vers 1415 (Picardie).

proposé, *c'est qu'il est immédiatement contemporain de l'œuvre originale.* Cette loi s'établirait par des centaines d'exemples, parmi lesquels, ceux tirés de l'*Ars moriendi.*

Le bois Protat, s'il est une copie, est la transcription d'un travail, immédiatement contemporain, vitrail, tapisserie, sculpture ou

peinture, gravure si l'on veut, et ce travail ne peut être que contemporain des années 1350 à 1380 environ. Un dessinateur du xvᵉ siècle, même du début du xvᵉ siècle, n'eût plus compris certaines choses : le bonnet à plumes avec bague du centurion, ses plates simples, sans la genouillère, bientôt historiée, contournée et pointue des Flamands, les solerets inclinés [1], mille petits faits que les copistes ultérieurs dédaignent ou jugent inutiles. Raisonnons par un exemple proche : Dans une pièce de théâtre représentée ces années dernières, et qui est d'un auteur de 1843, un gendarme d'élite vient arrêter un coupable. Un gendarme d'élite en 1843, c'est un soldat à cheval, portant un bonnet

1. Surtout il eût mis des poulaines aux solerets (Voir Demay, *Costumes de guerre et d'apparat,* p. 14).

à poil, très haut, et des buffleteries jaunes; la culotte est jaune
aussi. Remarquez que cette pièce se joue en province, devant
des gens simples; et comme dans le moment, pour des spectateurs
vivant à cent lieues de Paris, un gendarme d'élite est aussi loin de
nous que les carabiniers de Napoléon I\ :sup:`er`, on prend un gendarme

d'aujourd'hui, à tri-
corne, à bottes fortes,
que tout le monde
comprendra. Imagine-
t-on sincèrement, en
1420 ou 1430, un
artiste assez docu-
menté et archéologue,
pour imposer à un
centurion le costume
d'Arnauld de Cervole
ou de Duguesclin, soit
de personnages morts
depuis un demi-siècle?
J'ai vainement cherché
un exemple de pareille

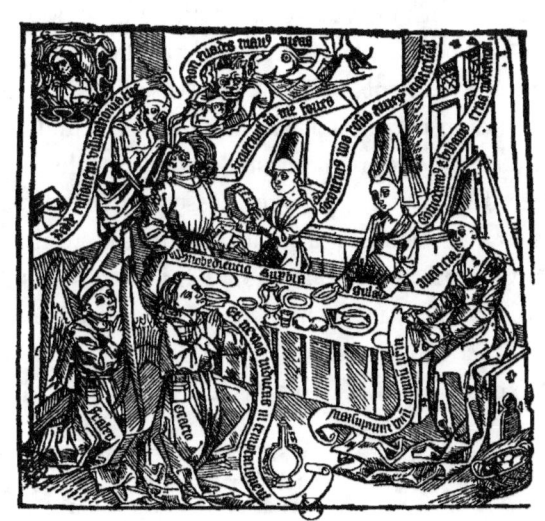

Oraison dominicale, 2ᵉ édit., pl. VIII Vers 1440 (Picardie).

fantaisie, il n'y en a pas, ou du moins mes plus grands efforts sont
restés vains. On pourra encore objecter que le pays où fut taillé notre
bois était peut-être en retard d'un quart de siècle; il est constant que
les modes et usages des régions directrices, comme la Bourgogne,
les Flandres ou la France de Paris ne s'imposaient guère aux autres
pays voisins, avant dix ans au moins. Accordons cette hypothèse pour
le costume, comment l'expliquer pour l'écriture onciale? Il ne s'en-
suivrait pas fatalement qu'une région arriérée pour le costume, le fût
pour la grammaire ou la calligraphie, lesquelles dépendaient de la
science de moines peu occupés de costumes, mais sûrement très
avertis sur la doctrine et les arts d'écriture. Enfin, lorsque ceci serait
admis encore, quand nous consentirions à reculer de dix ou vingt

9

ans les dates des personnages et de leur légende, nous ne dépasserions pas les dernières années du xive siècle, et ceci serait une avance de vingt ans sur la *Vierge de Bruxelles*, et de vingt-cinq ans sur le *saint Christophe*. Quant aux estampes incunables reportées par Schreiber ou Schmidt dans le xive siècle, elles n'ont été ni discutées, ni suffisamment pourvues d'un viatique utile pour en tenir compte.

Le fait pour le bois Protat d'être taillé sur le revers présenterait un intérêt énorme, s'il était prouvé qu'on l'eût tiré sur papier. Cette constatation exclurait l'idée de pression brutale, mais j'ai dit les raisons qui me faisaient douter de cette utilisation. Imprimées sur le papier d'alors [1], les épreuves eussent subi des raccords forcés, car les plus grandes feuilles n'auraient jamais fourni le déploiement de un mètre, nécessaire à l'opération [2]. En outre nous devons admettre que le bois n'était pas de matière si précieuse qu'on fût contraint d'en utiliser les deux faces. Je vois là autre chose qu'une simple économie, et l'explication en est fort aisée. Nous avons dit que d'après les sup-

---

1. M. Siméon Luce a très lumineusement expliqué dans son livre sur *Duguesclin*, où l'on trouve un tableau complet de la vie du xive siècle, pourquoi le papier commença à se répandre dès le premier quart de ce siècle. On le dut à la mode de porter du linge de corps, lequel une fois usé fournissait les *chiffes* utiles à la fabrication. Les registres, sur papier de chiffons, n'apparaissent chez nous que sous le règne de Philippe de Valois ; dans les autres pays on le tire encore d'Orient par Venise et l'Italie. Au temps qui nous occupe, cette fabrication est cependant encore assez limitée et ne comporte pas la feuille de grandes dimensions. Ce dut être là un des plus gros empêchements à la diffusion de la taille du bois, et la plupart des pièces, reportées à ces époques, nous laissent toujours un grand doute sur le temps probable de leur tirage. Au contraire nous admettrions très bien qu'elles eussent été gravées plus anciennement. M. Siméon Luce écrit, au sujet des inventions du xive siècle : « L'histoire en conclura que ce quatorzième siècle si misérable au point de « vue politique, si abaissé au point de vue de la ferveur religieuse et de l'invention litté-« raire, n'en est pas moins, par cela seul qu'il est le siècle du linge de corps et du papier « de chiffe, l'indispensable préparateur du siècle de l'imprimerie. » Et comme tout se tient dans la vie sociale, si tous les estampilleurs du xive siècle s'avisent de tailler de plus grandes images, c'est qu'ils ont le papier, plus docile à l'impression au frotton (la seule connue) que le parchemin (Cf. Siméon Luce. *Duguesclin*, p. 77 et 78). Au xiiie siècle on se servait de papier de coton fabriqué en Orient et que les croisés de saint Louis avaient rapporté de leurs pérégrinations.

2. Les plus grandes dimensions du papier au xive siècle étaient de 40 × 60. Il eût donc fallu au moins trois feuilles pour imprimer notre bois lorsqu'il était complet. Voir C. M. Briquet, *Papiers et filigranes*, Genève, 1888, in-8°, p. 10.

positions les plus plausibles, les premiers fraudeurs se faisaient ambulants pour éviter les sanctions pénales ; ils allaient de pays à autre colportant leurs produits, ou mieux l'attirail servant à la contrefaçon des peintures. Il devenait tout naturel que pour alléger la pacotille, on taillât la moindre surface libre, puisque les tirages s'en faisaient au frotton, et constituaient le poncif, l'esquisse sur laquelle on appliquait ensuite un barbouillage rapide. Le praticien voyageur (dans le cas présent, il s'agirait d'un moine de La Ferté) n'eût certes point très facilement rencontré le papier, mais il trouvait partout une pièce de lin, un morceau de toile, de dimensions suffisantes. Ainsi se fabriquaient ces « pala altaris » dont parle Weigel [1], ces étoffes peinturlurées sur impression préalable, et dont on façonnait des devants d'autel, des bannières d'église, des tableaux aussi. Peut-être même, un texte nous viendra-t-il révéler la confection d'affiches portatives, obtenues par ce moyen, et que les Confrères de la Passion eussent promenées dans les rues pour inviter le peuple au spectacle. D'ailleurs, les toiles peintes ne sont plus dans le domaine des probabilités ingénieuses, on en connaît plusieurs. Celles de Reims, par leurs dimensions, excluent l'idée d'un poncif imprimé [2], mais outre celles dont nous allons parler, combien existent encore dans les collections, sans état civil reconnu, qui ont, pour origine, la contrebande d'un tailleur d'images ? Voici en tous cas une mention de compte, qu'on n'a point remarquée et qui vient en confirmation de nos dires. Il s'agit de bannières à confectionner pour le duc de Touraine dans sa terre d'Asti en Italie ; on les commande à un certain Iohannes Imperiatus (Giovanni Imperiali ?) qui reçoit 19 livres « pro *factura* et pictura dictarum ». Factura veut-il dire le dessin ou la taille d'une planche ? Je croirais à la planche (De Laborde, *Ducs de Bourgogne*, t. I).

Je le croirais, pour cette raison que nous avons l'exemple d'un tirage tabellaire sur étoffe au xive siècle, en Italie ou peut-être à Avignon, que cette étoffe était, en 1890, conservée à Saint-Maurice d'Agaune, chez

1. O. Weigel et Zestermann, op. cit *Zeugdruke*, t. I.
2. Louis Paris. *Les toiles peintes de Reims*.

M. d'Odet, et que plusieurs savants nous en ont donné des descriptions
et des reproductions. Nous réservons l'étude de cette œuvre de premier
ordre pour un autre livre de doctrine sur les impressions tabellaires, en
nous contentant de renvoyer aux auteurs cités en note [1]. Il nous suffira
de dire que les personnages de cette tapisserie imprimée sont à peu
près de la taille des nôtres, qu'ils représentent l'histoire d'Œdipe, sujet
alors bien extraordinaire si l'on n'admet point l'influence des huma-
nistes renaissants, de l'Italie et de la cour d'Avignon. En plus, les
inscriptions sont en onciales, d'où l'on peut inférer que la date extrême
de ce travail ne dépasse point 1360-70. D'autres raisons seront fournies pour asseoir cette date d'une manière définitive, elles sont tirées
des costumes qui sont précisément les costumes militaires italo-fran-
çais du XIVe siècle [2].

L'étoffe en toile de chanvre est si bien imprimée sur des planches
de bois que, dans un cas, les figures ont été *données à l'envers et ensuite*
rétablies par le praticien maladroit. De plus, les figurines des bordures
sont exactement semblables, lorsqu'elles se répètent. La preuve de ces
travaux est donc faite d'une manière indiscutable, car la présence de
l'écriture onciale est une attestation de première valeur. Weigel a bien
raison de citer ce morceau comme un modèle; il excusait par ce
moyen ses opinions au sujet d'autres œuvres; seulement, ni lui, ni
Keller, ni Passavant, ni même M. de Mély n'ont remarqué les deux
faits principaux, les costumes et l'écriture.

Dans les pièces de sa collection que Weigel publie, il nous montre
un Christ en croix, avec la Vierge et saint Jean sur un fond losangé
en frettes, et dont chaque losange porte une molette d'éperon; il en

---

1. Dr Keller, *Die Tapete von Sitten*, vol. XI, der Mittheilungen der antiquarischen
Gesellschaft in Zürich. imprimé avec titre à part en 1857. Au temps de cette notice avec
planches, la pièce était à Sion dans le Valais. — Passavant, *Peintre graveur*, I, 127. —
F. de Mély, *Visite aux trésors de Saint-Maurice d'Agaune et de Sion* (Bulletin du comité
archéologique des travaux historiques, p. 375, année 1890), avec reproduction en hélio-
gravure et fig. dans le texte.

2. Comparez d'ailleurs les costumes et l'écriture au ms. de l'ordre du Saint-Esprit publié
par M. de Vielcastel, cité p. 80, note 2. Passavant, plus audacieux en pareille matière,
reconnaît aux figures les costumes de la « Haute-Italie », *Peintre graveur*, I, p. 128.

reporte l'exécution au XVᵉ siècle, ce qui est agir avec prudence; mais les fonds et l'inclinaison des têtes justifieraient une attribution plus osée [1]. Cette pièce, d'une très grande importance, et une autre, représentant une Vierge debout, sous un édicule gothique, également en la possession de Weigel, ont été découvertes dans le Bas-Rhin [2].

En s'autorisant de ces trouvailles simultanées, Weigel penchait à assigner aux deux objets une origine commune, et, naturellement, les donnait à Mayence ou à Cologne. Il voyait l'aigle à deux têtes sur une bordure, mais il ne tenait compte ni du fretté, ni des molettes d'éperon qui sont essentiellement une décoration bourguignonne [3]. Quant à l'aigle à deux têtes,

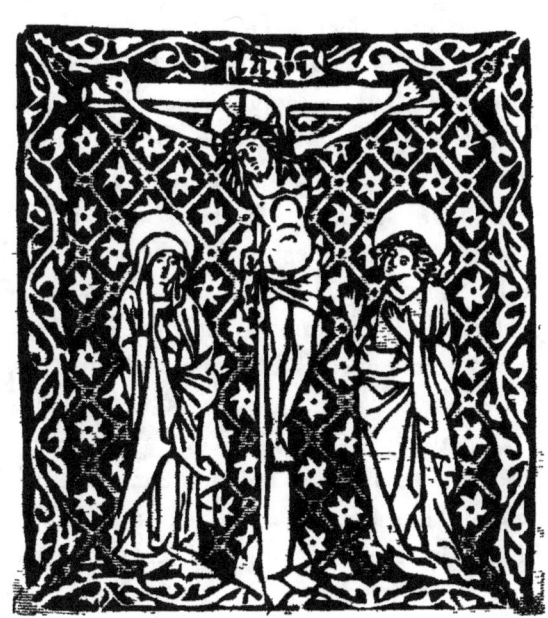

Calvaire imprimé sur étoffe. Cat. Weigel, n° 8.

il n'était point non plus si rare chez nous, où Duguesclin le portait dans ses armes, où plusieurs barons Comtois et Bourguignons l'avaient aussi. J'aurai beaucoup à parler, en un autre ouvrage, des bordures, presque toujours rapportées après coup, tirées sur des planches banales, « colliers à toutes bestes » comme on disait, et dont les Bavarois surtout ont fait un déplorable usage. Mais

1. Weigel et Zestermann, I, n° 8.
2. *Ibid.*, n° 9.
3. Ch. Rouyer et Hucher. *Hist. du Jeton*, Paris 1858, in-8°, p. 167. Ils citent un jeton de Jean de Saulx maire de Dijon, avec molettes. Voir aussi Palliot, *La vraye science des armoiries*.

Weigel me paraît errer sur un autre point encore, lorsqu'il fait de ces œuvres si essentiellement différentes de style et d'époques deux fragments d'une même tenture; rien n'est moins probable. On pourrait, sans grande hésitation, mettre, entre les deux, un intervalle de cinquante ans : l'une, le Christ en 1390, l'autre, la Vierge en 1420 ou 30. Le Christ tient essentiellement à des estampes bourguignonnes aujourd'hui retrouvées à Munich, à Londres, à Berlin, à Vienne, ce qui montre leur cosmopolitisme et leur diffusion de cloître à autre, en partant des chefs d'ordre, Cîteaux ou Cluny. La Vierge serait plutôt lyonnaise, lorsque commencent les ateliers de tailleurs d'images et de décorateurs sur étoffe. Pour la Vierge, il y a la particularité d'un édicule, de la Vierge debout, de l'enfant nu sur le bras *droit* de sa mère, et des caractères généraux aussi éloignés que possible des xylographies allemandes de ce temps. L'écriture elle-même, en minuscule gothique ne ressemble guère à l'écriture allemande des impressions tabellaires de 1440, car il y en a très peu là-bas, avant cette date, on peut même dire qu'il n'y en a pas [1]. Tout s'accorderait donc à rapprocher ces besognes des pays où le commerce des étoffes avait le plus d'importance dès le moyen âge, une région où les tailleurs de bois de Saint-Claude ou ceux de Lyon, rendaient la confection plus courante ; mais faute de recherches dans ce sens, faute surtout de scapulaires conservés, de petites images portatives, de tant de monuments précieux, détruits à cause de leur humilité et de leurs petites dimensions, nous ne pouvons guère aujourd'hui citer d'étoffes de ce genre. Schreiber possède une Vierge imprimée en argent; il a vu à Dantzig un « homme de douleurs » à la Marienkirche, c'est tout ce qu'il dit de ces choses [2]. Dans le xve siècle, quand les Allemands se sont mis à imprimer des étoffes et à en colporter, on les voit venir dans la

1. L'allemand ne paraît guère dans la xylographie que vers 1450-60 au plus tôt, et encore les pièces qui portent cet allemand ont été datées un peu au hasard sur des filigranes ou des coloriages, il faut s'en défier. Cf. ce qui sera dit à ce sujet dans *Les Deux cents Incunables du Département des Estampes*, en préparation.

2. Schreiber, I, no 1, pl., vol. VI, no 1. Il publie en fac-similé la Vierge qu'il possède.

Flandre et la Picardie. En 1454, la ville d'Amiens, qui possède une école célèbre de peintres où l'on compte Simon Marmion et d'autres fort habiles, achète pour XXXII sous « à Baudin Elles, marchant de

« ymaiges du pays « d'Allemagne ... un « crucifix peint sur « toile, avec les yma- « ges Nostre Dame et « saint Jean l'Évange- « liste (un Calvaire « dans le genre du « nº 8 de Weigel) qui « fut mis à l'œurieul « des Clocquiers pour « la decoration dudit « lieu » [1]. Vu le prix, et étant donné le nombre des peintres vivant à Amiens, cette toile au rabais ne peut être que le tirage sur étoffe d'un Christ barbouillé par un ambulant. Trente sous est une somme alors, et

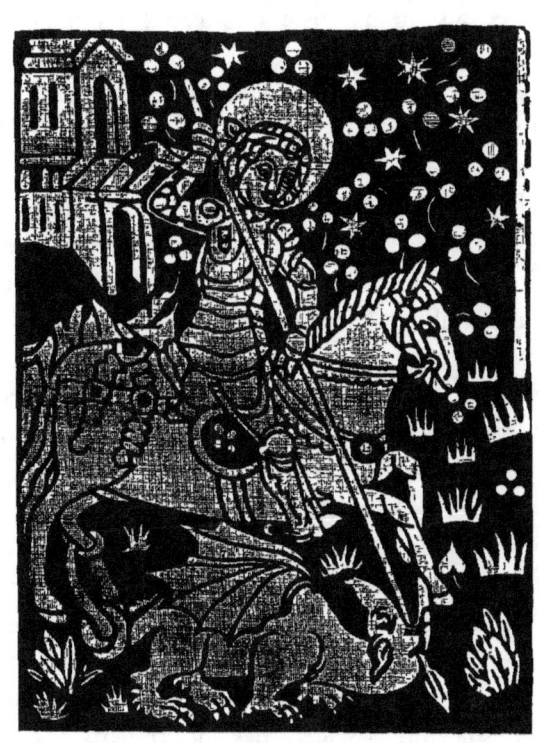

Saint Georges. Impression en pâte simulant l'étoffe de velours, obtenue par le moyen d'un bois gravé. Vers 1425. Cat. Weigel, nº 401.

ce prix montre bien que les fraudeurs tiraient bon profit de leur contrebande [2].

1. L'abbé Dehaisnes. *L'Art à Amiens*, p. 54 (compte de 1456-57 à Amiens). Ces colporteurs allemands existaient encore dans toute la France il y a quelque trente ans. Mais au lieu de produire séance tenante une peinture, ils vendaient des mouchoirs de poche imprimés en Allemagne.

2. On payait en général 3 et 4 sous pour la journée d'un peintre. C'est donc dix journées de travail que le brave Allemand gagnait en deux ou trois. Et probablement, il faisait le rabais sur les ouvriers du lieu.

Dans l'instant, je puis sembler reléguer le bois Protat à un rang secondaire, et le déprécier, en le considérant comme une sorte de moule commercial, un objet destiné à la fabrication ouvrière. Rien ne serait moins juste que cette opinion. En réalité, ce bois n'a pas plus reçu une destination d'art inférieur que les fameux xylographes des *Apocalypses* ou des *Ars moriendi*. La question n'est pas du plus ou moins d'honneur à lui rendre, en le portant à l'actif de la gravure et de l'estampe, ou à celui de la confection sur toile. Sa lettre taillée à l'envers prouve qu'il servait à l'impression; ses dimensions ne lui permettant pas l'usage du papier qui l'eût rendu plus noble, je cherche donc comment on l'employait. D'ailleurs, je n'imaginerais pas qu'un tailleur d'images marron, comme l'étaient ceux du xive siècle, fissent grand état de la destination de leur œuvre; ils fabriquaient un bois, à titre d'outil auxiliaire, pour un truquage, afin de s'éviter une peine. Étudier l'un de ces moules, c'est donc étudier l'autre, car la confusion d'entre les uns et les autres, moule à estampes, moule à carreaux de pavage, moule à tableaux peints sur toile, est constante. Si je ne puis croire à la possibilité de mettre le nôtre au rang de ceux que nous avons décrété nobles, je le vois supérieur en dessin, en taille, à la majorité d'entre eux. Le fait capital serait de lui assigner le xive siècle pour date, et tout le vient accorder. Nous allons même le voir très voisin du milieu de ce siècle, dans les rapprochements tentés ci-après, grâce à des monuments que tout le monde peut voir encore. Je réserverai pour la fin les présomptions tirées du lieu d'origine, encore que, par scrupule, je les considère comme moins importantes, à cause des colportages de pays à autre. Toutefois, il y aura lieu de tirer quelques inductions de cette particularité que certains seigneurs de la région où il fut découvert venaient au xive siècle de Vuillafans en Franche-Comté, que la Franche-Comté et le comté de Neuchâtel, la Suisse française, sont pays de commune seigneurie; nous ferons état de la pièce d'étoffe conservée chez M. d'Odet à Saint-Maurice donnée par tout le monde au

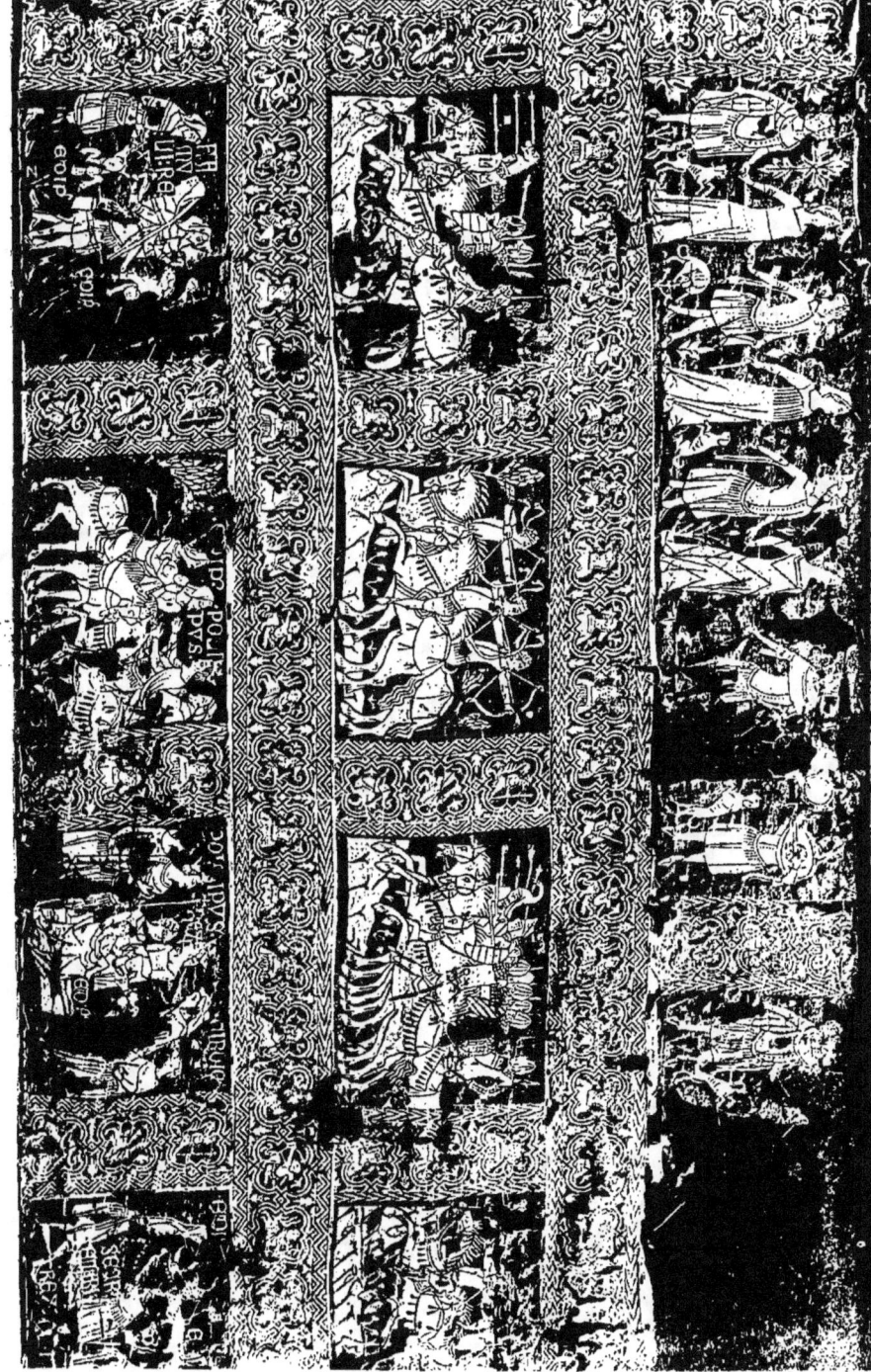

FRAGMENT D'ÉTOFFE CONSERVÉ A SAINT-MAURICE (Valais).

Xe siècle.

xive siècle, et dont Weigel a bien voulu écrire qu'elle note une grande perfection de pratique et d'art [1].

1. Weigel, t. I : « La planche de tapisserie reproduite t. XI, liv. 6, des *Antiquités natio-* « *nales de Zurich,* et qui se trouve encore à Sion aujourd'hui (elle y était alors), prouve « clairement que *vers le milieu du XIVe siècle* l'impression sur étoffe de lin n'était plus « dans l'enfance, mais avait fait de grands progrès. » Voir aussi la dissertation de Passa-vant à ce sujet, t. I, p. 127.

III

La question du costume au moyen âge est assez délicate à traiter; en ces époques, de proche en proche, la mode gagne, et si le monument consulté n'apporte point un millésime précis, ou une origine sûre, on ne parvient à le classer que par des rapprochements infinis. Le harnois de guerre surtout ne se différencie, du nord au sud, que par des détails dont l'importance échappe à première vue. En Italie, en Espagne, en France, en Allemagne ou en Angleterre les éléments généraux paraissent identiques, mais les comparaisons nous enseignent très vite les nuances [1]. Si on reconnaît le chevalier anglais

1. En réalité, ce sont les sceaux qui nous fournissent le meilleur document parce qu'ils nous laissent apercevoir le personnage représenté dans l'allure ou le costume qu'il estimait le plus convenables à sa coquetterie, et que nous savons le lieu où ce personnage vivait. Malheureusement les trois hommes que nous étudions ici ne sont pas des chevaliers, mais de simples piétons, ils ne se rencontrent guère sur les sceaux. A part Itier de Perusse cité par Demay, lequel porte le bacinet conique en 1369, et le maire de Fismes coiffé d'une cervelière de fer en 1308, on n'en connaît guère d'autres (Demay, *Le costume de guerre et d'apparat d'après les sceaux*, Paris, 1875, in-8°, pl. XI). Le centurion que nous identifierons volontiers à quelque chef de compagnie, tel Arnaud de Cervole, ne s'y retrouve point non plus. Quant aux études sur les incunables, pour une foule de détails, de costumes ou d'accessoires, les sceaux sont seuls à nous apporter des dates précises. « Je n'ignore pas, écrit le comte de Laborde, en tête de l'*Inventaire des sceaux*, par Douet « d'Arcq, p. 6, que les dalles et les plaques funéraires ont fourni quelques renseigne « ments appuyés sur des dates précises, mais ces monuments sont peu nombreux (tandis « que les sceaux sont innombrables), et ils représentent le mort couché, les mains « jointes dans une attitude uniforme, consacrée par une étiquette invariable. Ces repré- « sentations n'ont pas la vie et la variété qui caractérise les sceaux, et dans leur exacti- « tude même, il y a toute la différence des soins de prédilection qu'on met à son propre « portrait à l'insouciance qu'on ressent lorsqu'il s'agit de faire représenter une personne « étrangère et un mort. » Ces réflexions ne sont justes qu'en ce qui touche aux sceaux, car le même caprice personnel se retrouvait sur les tombeaux faits du vivant du person- nage, sur ses ordres. Ces « avancements » de sépulture étaient constants au moyen âge;

du xiv⁰ siècle sur son tombeau, à ses jambes croisées, le plus souvent, à son étroit gourgerit, à son justaucorps collant et sans boutons, à sa moustache, surtout à son admirable et précieuse ceinture, le Français conserve plus longtemps l'apparence calme, le garde-corps flottant; il a des boutons, que l'Anglais n'a guère, et que l'Espagnol prodigue volontiers. Ses plates sont moins historiées, son bacinet pointu est de forme généralement basse. Aucun tombeau du règne d'Édouard III en Angleterre et de Charles V chez nous, nulle sépulture espagnole de la même date ne donne le chapeau de notre centurion; en Allemagne, on ne l'apercevra que vers l'extrême commencement du xv⁰ siècle, par les Flandres; mais les sculptures, les autres monuments français en offrent de nombreux exemples aux environs de 1370. Quant au chapeau de fer de notre second soldat, aucun tombeau d'aucun pays ne le montre

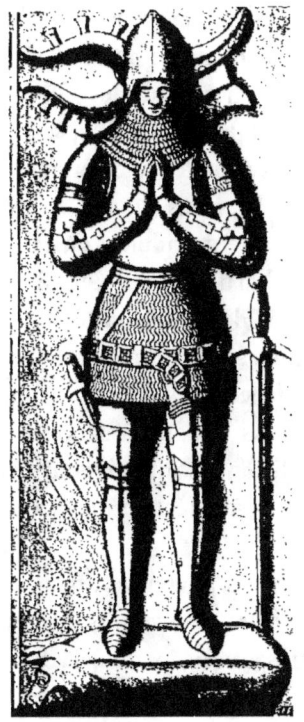

Bernard de Masmünster, † 1383. Bâle.
Bacinet de forme haute.

dans la forme à arête aiguë. C'est la coiffure de gens de pied, de la plèbe [1]. Le bacinet pointu du premier soldat est, par contre, de mode

ils trompent même parfois, comme on le voit pour des tombes exécutées plus de trente ans avant la mort de la personne à qui elles étaient destinées. Le tombeau des Neuchâtel que nous citons plus loin a été exécuté en 1372, du vivant de Louis, dernier comte, lequel ne mourut que l'année suivante. Il y a donc à soutenir que les représentations de ses ancêtres et de lui ont été voulues ainsi par l'intéressé, au même titre que son sceau. Ce sceau sûrement gravé en France, était du type armorial, timbré d'un heaume à cimier, et la légende en était en belle onciale française.

1. On ne le voit guère à des cavaliers que dans une miniature italienne des triomphes de Pétrarque, le Triomphe de la Renommée, récemment publiée par le prince d'Essling et Eugène Müntz, *Pétrarque*, p. 125 (Paris, 1902, in-fol.). Chez nous, ce chapeau comme

à peu près partout. En Angleterre, il est muni d'oreillères tombantes ornées de clous; sa forme est moyenne; en Allemagne il est très haut de forme, très différent des nôtres, lesquels restent moyens. Les chevaliers bourguignons et franc-comtois ont celui de notre homme, dans la généralité des exemples. C'est même en cherchant des formes topiques, en demandant le document précis aux ouvrages spéciaux sur ce point que nous avons été conduits à Neuchâtel, ancienne terre romane de langue française, où, dans la collégiale, nous avons retrouvé les figures couchées d'anciens seigneurs exactement sculptées en 1372, et dont la stature, l'allure générale, diverses particularités singulières dans l'armement, accusent avec nos hommes des conformités répétées [1]. Peut-être devons-nous indiquer ici que ces Neuchâtel sont une race puissante de barons jurassiens, qu'une de leurs alliances a donné les sires de Vuillafans, et répéter ce que nous disions, à savoir que par une coïncidence curieuse, certains Vuillafans sont seigneurs en partie de Sennecey, non loin de La Ferté, au XIVᵉ siècle, sans être de mêmes armes toutefois.

Ces premières constatations faites, nous avons pu relever, dans les figures et l'habillement du centurion, plusieurs indications importantes. La barbe et les cheveux dont nous avons parlé déjà nous découvrent une très médiévale façon d'accommoder ses moustaches et ses boucles de cheveux. Si l'on regarde bien, la moustache est une virgule simple partant de la commissure des lèvres et faisant volute de retour d'un seul trait. Les cheveux sont en « copeaux », et nous employons cette expression faute d'autre, car *boucles* ne dirait pas justement la forme de ces mèches enroulées. Le fait du centurion

nous le disions ci-dessus, d'après Demay, n'apparaît qu'à de rares intervalles dans ces sceaux et pas après 1308. On en sait un de 1122 sur le sceau de Nevelon, maréchal de France (Demay, *ouv. cité*, p. 23), mais sa forme est ronde, sans arête.

1. Voir Bachelin, *Iconographie Neuchâteloise*, p. 123. Les tombeaux furent élevés à ses ancêtres et à lui par Louis II de Neuchâtel, mort en 1373. Voir ci-après p 95. Ces statues ont été reproduites fort habilement par Raphael Jacquemin, *Iconographie générale du costume*, pl. 98. La figure la plus importante des trois seigneurs est celle de Rodolphe II, un héros du XIIᵉ siècle, mort en 1186, et que le sculpteur a ramené au type du XIVᵉ siècle jurassien.

barbu note déjà une présomption d'ancienneté, surtout avec cette
présentation quattrocentiste du système pileux.

La mode de porter la barbe, tombée au XIIIe siècle, a repris chez
nous,. dès le temps de Philippe le Bel. On la voit rare et bien
vraie au portrait du roi Jean, provenant de Gaignières, et qui est le
monument le plus précieux de la peinture nationale [1]. A partir de

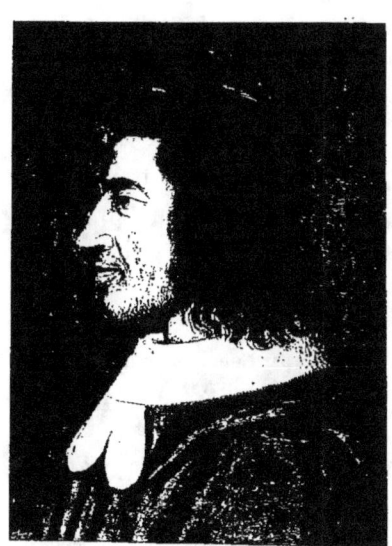

1340, elle est d'uniforme dans
les hautes classes guerrières. Les
Anglais d'Édouard III et du
Prince Noir, ces princes eux-
mêmes auront la moustache
d'aujourd'hui, celle de lord Kit-
chener, comme aussi certains
Allemands. Chez nous la barbe
pointue est plus généralement
reçue. Mais, dans toutes les représentations françaises, la barbe
ne va pas sans arrangements
spéciaux que nous ont conservés
les statues des églises, les tombeaux ou les miniatures; elle

Portrait du roi Jean. probablement exécuté à Avignon
en 1342. B. N. *Exposit.*, n° 1.

est plus volontiers frisée, les
moustaches y semblent contour-
nées au petit fer, et s'enroulent. Une simple visite au Musée du Troca-
déro permettra de se faire une idée juste de la mode sur ce point durant
le XIVe siècle. Une tête d'homme de la cathédrale de Reims, datée du
milieu du siècle, est un document topique. A Bordeaux, une figure
de l'abside de la cathédrale ; à Bâle, une tête d'homme souriant, à la
cathédrale aussi ; à Mussy-sur-Seine (Aube), un saint Jean-Baptiste
célèbre montrent que, dans le même temps, en des lieux divers, les

1. Exposé aujourd'hui à la Bibliothèque nationale. galerie Mazarine, armoire X, n° 1.
Nous aurons occasion de dire quelles raisons nous feraient reporter cette œuvre à
Simone di Martino qui vit Jean le Bon à Avignon un an avant de mourir.

artistes s'accordent dans la façon de traduire les volutes tour-
mentées, les cheveux et les barbes. Et je ne parle ni des manuscrits
innombrables, ni des nombreux ivoires sculptés du Louvre, de
Cluny ou de la collection Spitzer, dans lesquels tous les exemples
confirment ce que nous disions, mais je signale comme particulièrement intéressant pour nous, le *saint Philippe* du tombeau de Philippe
le Hardi à Dijon (œuvre de 1387-93), lequel porte la barbe de notre
centurion et ses cheveux en copeaux. Une constatation plus curieuse
encore parce que le monument provient de l'abbaye de Cluny, à
quelques lieues de La Ferté-sur-Grosne, c'est celle que nous fournit
le retable, autrefois à M. Baudot de Dijon[2]. Cette pièce exception-
nelle, où les moines artistes et calligraphes de l'abbaye travaillèrent
sans doute, et qui se peut dater de 1360 à 1370, donne au Christ,
aux soldats qui l'arrêtent, la moustache en virgule, les cheveux en
volutes de notre centurion[3].

1. Cette statue de Mussy fut exécutée sur les dons faits par Agnès de France, duchesse
douairière de Bourgogne, fille de saint Louis, qui légua 23 livres « pour l'uevre de
Mussy » (Note communiquée par M. Ernest Petit, président honoraire de la Société des
sciences de l'Yonne).

2. *Catalogue de feu M. Henri Baudot, novembre 1894.* Dijon, Darantière, in-4º. Volet de
gauche. Planche du nº 1012 de la vente.

3. Il n'est pas sans intérêt de remarquer ici l'analogie existant entre les cheveux et la
barbe du centurion, et ceux du saint Jean-Baptiste dans les parements bourguignons de
Vienne, sûrement antérieurs à l'an 1400. On appelle ainsi des chasubles et objets du
culte, contemporains de la jeunesse du duc Philippe le Bon, et conservés au Trésor
impérial. Ce qu'on a écrit sur se sujet est controuvé. Ce ne sont pas des pièces comman-
dées à la création de la Toison d'or, en 1430, mais des objets tissés et brodés dans les
Flandres, probablement vers 1390. Les costumes de femmes en fournissent diverses
indications précieuses, entre autres la coiffure d'une sainte Catherine, assez rapprochée de
celle de Catherine de Molembaix, femme de Gilbert de Lannoy, qu'on voit dans le recueil
des crayons d'Arras, et qui a été reproduite dans le livre de M. Quarré-Reybourbon,
Trois recueils de portraits, p. 23. Mais les inscriptions n'ont plus d'onciale, ce qui nous
remet près de l'an 1400 dans les Flandres. Ces travaux sont donnés comme Monuments
de l'Art *en Allemagne*, par Förster, dans ses *Monuments* (Peinture, t. II, p. 27, édit. française, Morel, 1865, in-4º). L'Allemagne retarde pour les représentations de barbe et de
cheveux en copeaux ; on en voit à des peintures de l'école silésienne (même ouvrage)
datant de la fin du XVe siècle. On les voit aussi dans les peintures de Dürer. Les peintures du
dôme de Cologne au contraire sont en avance. On y voit des barbes comme celle de notre
centurion à Saint Thomas (Ibid., fol. 50), mais ce travail n'est pas allemand, en dépit de

Il ne faudra pas beaucoup d'années après 1380, pour que la barbe disparaisse des figurations autres que celle des apôtres ou de Jésus. Le duc de Berry, qui a eu la barbe dans sa jeunesse, la rase après 1380 [1]; Louis Ier d'Anjou, roi de Sicile, la portait lors de la constitution de son ordre du Saint-Esprit ou du Nœud en 1353 [2]. Son fils Louis II d'Anjou ne l'a plus, en 1400-10, dans la belle aquarelle du Département des Estampes [3]. Pour notre centurion, personnage de tradition dans la représentation des Mystères, le fait d'avoir la barbe n'impliquerait rien de définitif, puisque, surtout, le hallebardier qui le suit est glabre. Seulement il y a l'archer, qui, lui aussi, est barbu. Pourquoi cette anomalie entre les trois personnages ? L'explication est fort simple, le piquier du milieu n'a pas la barbe, parce qu'il attache son bacinet conique à un collet de maillons, et que, dans les anneaux de ce collet, les poils se viendraient arracher. Jamais un combattant ainsi casqué ne porte la barbe, et c'est pourquoi les Anglais, qui ont adopté cette défense de tête, n'ont que la moustache. Au contraire, l'archer qui a mis un chapeau-cervelière, sans collet de mailles, peut très bien laisser croître son poil. Mais s'il a la barbe, c'est donc qu'il a été dessiné au temps où on la portait encore communément, c'est-à-dire avant 1380, aux environs de 1372; l'un des soldats, reproduits par Gaignières à cette date, et qui est coiffé du même chapeau, est barbu [1].

Voici donc, à première vue, une présomption assez plausible en

l'endroit où il est placé. Dans l'écrin de sainte Ursule à Cologne, on retrouve, aussi à l'année 1380 tant de signes manifestes d'un art voisin, qu'il serait difficile de le nier.

1. Cependant on a cru voir le duc de Berry tantôt barbu, tantôt glabre dans son livre d'heures à la Bibliothèque nationale, fonds français 18014 passim. Or, je crois que le prétendu duc de Berry barbu est le roi Jean son père. Je souhaiterais que mon excellent confrère Paul Durieu en fît la constatation.

2. Viel-Castel. *Statuts de l'ordre du Saint-Esprit*, Paris, 1853, petit in-fol. Le manuscrit a été au Musée des Souverains, il fait en ce moment partie des Mss. de la Bibliothèque nationale, fr. 4274.

3. *Le portrait de Louis II d'Anjou à la Bibliothèque nationale*. Paris, Lévy, 1887, in-4°.

4. *Catalogue de Roger de Gaignières*, t. I, n° 393 (Oa 12, fol. 67). On ne peut tirer aucune induction du fait des Apocalypses où les anges sont nécessairement imberbes par tradition.

faveur d'une date voisine de 1370. Il y en a d'autres tirées du costume, et du chapeau d'abord.

Cette coiffure paraît un feutre mou, de forme demi-haute, faisant, si on pèse sur le fond, deux replis dans son pourtour, à la hauteur du front. Originairement, ce pouvait être un de ces bonnets à casque,

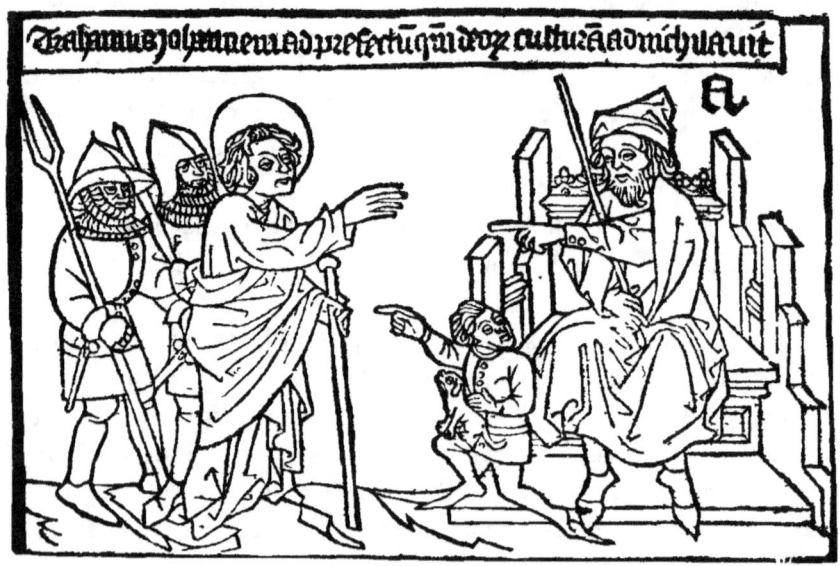

Apocalypse, 1re-3e édit., pl. II, soldats identiques à ceux de notre bois. Le préfet est inspiré des prophètes barbus de Beauneveu.

destinés à préserver le crâne du contact direct d'un bacinet ou d'une cervelière. Comme on le trouva commode et plus léger, on le conserva seul et on l'orna. Dans les représentations figurées, ce « couvrechef » est assez rare; je le vois à un saint Longin, sur un ivoire sculpté de la collection Spitzer[1], et ce saint joint, à la particularité du chapeau, celle de la barbe et des cheveux « en copeaux ». Je le retrouve encore à un personnage de la cour du duc Louis de Bourbon, comte

---

1. Collection Spitzer, t. I, pl. XV, n° 94. Ivoire de 1360-80 environ. C'est celui qui se rapproche le plus du nôtre entre toutes les représentations d'un chapeau de castor vues par nous.

de Clermont, et cette fois il a une longue queue, celle qui, ramenée plus tard sur le bonnet, et enroulée autour de lui, constituera la coiffure du duc de Berry, de Louis II d'Anjou, et de tous les hommes de la haute classe, entre 1400 et 1420. Ultérieurement on rejettera le bonnet ou chaperon sur l'épaule, et il deviendra l'épitoge des magistrats. Mais la figuration la plus voisine de la nôtre est celle du duc de Flandre, Louis de Mâle, dans le dessin de Succa dont nous avons parlé. Lui aussi, le duc de Flandre, a sur son bonnet la pièce d'orfèvrerie destinée à fixer une plume ou une aigrette. L'Allemagne qui retarde de plusieurs années sur la France, s'il s'agit de modes guerrières, a au moins un exemple de cette coiffure; le chevalier Johann von Wertheim, mort en 1407, l'a arborée, pour la statue de sa tombe[1]. Suivant Hefner-Alteneck, qui a publié ce monu-

---

1. Hefner-Alteneck, *ouv. cit.*, pl. 229. Ce chapeau n'est en faveur, dans la région voisine de la Lorraine et des bords du Rhin, que dans le commencement du xve siècle. Mon excellent camarade, Henri Martin, conservateur de la Bibliothèque de l'Arsenal, un des érudits qui ont le plus contribué à mettre un peu d'ordre dans les classifications de manuscrits historiés, me cite une *vie de saint Clément*, écrite et peinte à Metz dans l'année 1403. (Le ms. porte MCCCIII, mais il y a sûrement une erreur.) Dans les miniatures si intéressantes pour l'histoire du costume, qu'on rencontre à chaque page, un certain duc de Metz est représenté en diverses attitudes. Le signe distinctif est son chapeau, tantôt rond, tantôt à bords rabattus, mais à peu près toujours orné d'une plume. Une houppelande, qu'il porte, a les gros boutons en deux ou trois circonstances. Je ne puis disconvenir d'un certain rapport entre ce personnage et le nôtre, mais les autres constatations nous font vite connaître les différences d'époque. Les hommes d'armes ont le bacinet à visière, *la ceinture aux hanches*, des *poulaines*; les genouillères des plates sont décorées. Quoique d'origine française, ce ms. paraît influencé par le voisinage de l'Alsace; il a le retard obligé de quelques années. Je le signale comme très rapproché de l'*Apocalypse*, 1re édit., tant par les costumes que par les chapeaux. C'est à chaque pas qu'on y retrouve l'*Antéchrist*, la *Prostituée*, etc. (fol. 12, 23, etc.). M. Martin se propose de publier ce manuscrit sous peu. Il le mérite, en dépit de son art médiocre et de ses lourdeurs; mais l'artiste rachète son manque de pratique par beaucoup de finesse et de philosophie humaine.
Pour revenir à la question qui nous occupe, nous voyons que, en 1382, les Gantois volent les chapeaux de bièvre du duc de Flandre et s'en coiffent. « Je suis plus joli que toi! » disent-ils en se comparant à leurs camarades (*Froissart*, édit. Kervyn de Lettenhove, X, p. 51-52). Le chapeau de bièvre est d'ailleurs rencontré partout à la même époque; on le voit aux *Guerriers cherchant la renommée*, dans un triomphe de Pétrarque à la Bibl. nationale, ms. latin 6069f. Ce manuscrit, œuvre italienne de 1370-75, offre des types de nos trois hommes. Ils ont le chapeau de bièvre, le bacinet, la cervelière à arête, le gambeson (il y en a un qui a une casquette à visière), la plupart sont barbus. C'est là une

ment, ce bonnet est une torchette de bacinet; il ne remarque pas l'anneau d'orfèvrerie destiné à la plume. La date de 1407 est celle de la mort du seigneur, ce n'est point celle de la construction du tombeau, laquelle est sûrement antérieure. D'ailleurs Johann von Wertheim est enterré autre part; le tombeau dont nous parlons est celui qui fut élevé à ses deux femmes[1]; il n'est là que comme figurant.

Ce chapeau n'est point en France la première coiffure venue, le « cuèvre-chief » sans conséquence, comme on en juge par l'énumération des personnages qui le portent. Mais nous avons à son sujet des attestations formelles qui ne laissent aucun doute

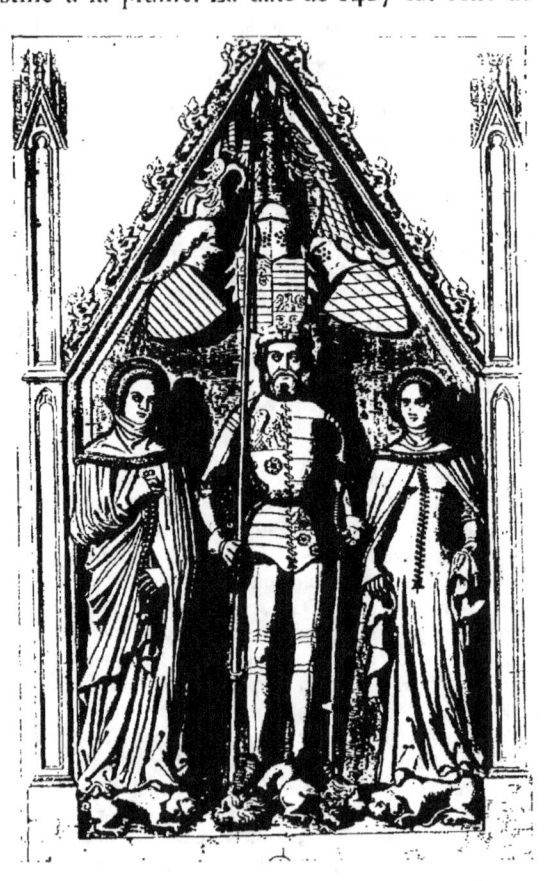

Tombeau des femmes de Johann von Wertheim (vers 1400).
D'après Hefner-Alteneck, pl. 229.

sur la qualité de ceux qui l'adoptent. C'est en réalité un chapeau de castor, on disait alors de « bièvre », et on l'assimilait dans les parures

miniature d'un Simone di Martino vraisemblablement et cela confirme la peinture du musée d'Anvers. Elle a été publiée en dernier lieu par le Prince d'Essling et Eugène Müntz, *Pétrarque*, p. 125, Paris 1902.

1. Hefner-Alteneck, pl. 229. Voir le texte.

d'hommes, c'est-à-dire dans la grande tenue militaire, aux objets les plus précieux, ceintures de métal, robes ou bijoux. M. Simon Luce cite un passage de lettre de rémission, où il est dit que les chefs des grandes compagnies cherchent surtout à obtenir de leurs prisonniers « ceintures d'argent, chapeaux de bièvre [1] ». A Chevreuse, un certain Guillaume Remy et son gendre, pris par des partisans Anglais, ne s'en tirent, dit un acte des Archives Nationales, qu'après avoir fourni « quatre « plumes d'ostruce et cinc cenz de clouz à ferrer chevaux..... disant « et affirmant (yceulx Angloys) que ou cas que yceulx prisonniers « ne feroient, comment que ce feust, qu'ils eussent les plumes et clouz « dessus diz, bien briefment ils les mettroient à mort [2] ». On voit l'intérêt que ces routiers mettaient à se décorer, et au fond c'était là toute leur raison de se battre; ils voulaient vivre et parader comme de riches seigneurs.

La plume d'autruche a donc, à leurs yeux, l'importance d'une décoration chez nous; ils se veulent distinguer de leurs hommes par ce signe de ralliement. Ils l'arborent quand ils la trouvent. Celle que porte le centurion dans notre bois, n'est donc pas une simple fantaisie de l'artiste. Dans la représentation des Mystères, nul doute qu'on en affublât le bourreau de Jésus-Christ, en l'assimilant à un chef de bande. Ces condottieri sont à peu près seuls à en avoir en France, car non seulement ils les réquisitionnent de la façon qu'on a vue, mais plumes d'autruches, chapeaux de castor, fers de glaive ne peuvent traverser librement les pays occupés par eux, même en payant les droits fixés pour les autres marchandises. Froissart nous apprend cette particularité si curieuse pour le sujet qui nous occupe [3].

C'est ce passage de Froissart que M. Jules Quicherat commente

1. Siméon Luce. *Duguesclin*, p. 337.
2. *Ibid.*, d'après les Archives nationales. JJ. 90, n° 623.
3. Froissart (édit. Kervyn de Lettenhove), t. VI, p. 98. La citation donnée par Luce est fausse. Voici le passage : « excepté III coses : capiaus de bevenes (bièvre) plumes « d'osterice et fiers de glaive : onques il ne veurent mettre ces III joliétés ne accoïder en « leurs sauf-conduis. » Cela en 1358. Et ce sont les Navairois qui opèrent. Nous avons vu dans la note précédente que les Gantois feront leurs délices de chapeaux de bièvre en 1382.

lorsqu'il écrit : « Les Capitaines des Grandes Compagnies, par lesquels
« la France fut si bien rançonnée au commencement du règne de
« Charles V (1364-1370), donnaient sauf-conduit pour toutes sortes
« de marchandises, sauf pour les plumes d'autruche ; lorsqu'il leur en
« tombait sous la main, ils se les appropriaient purement et simple-
« ment [1] ». Et Viollet-le-Duc, un peu trop imaginatif et créateur, pour
être une grande autorité dans une discussion, mais qui a vu un
nombre incalculable de monuments figurés, ajoute, en parlant du chapeau de feutre : « sur le devant les gens riches faisaient poser un
joyau surmonté habituellement d'une plume [2] ». Le passage cité par
Quicherat a été pris au bon endroit, il a pour nous une grande importance. Si comme tout porte à le croire, l'artiste du bois Protat a fait
de son centurion un capitaine contemporain, il lui a donné le harnois
d'un chef des grandes compagnies. N'oublions pas en effet que si cet
artiste est de la région lyonnaise, il a vu Arnaud de Cervole qui a
dévasté toute la contrée, qui a pillé les abbayes et forcé les villes [3].
Ceci ne serait pas une des moindres curiosités de notre bois, au cas
où nous pourrions fournir mieux qu'une supposition.

Sans nul doute, armé et harnaché en guerre comme il l'est, le Centurion porte un jacques ou *corps* de mailles sous sa houppelande,
mais celle-ci le cache en entier. Elle tombe jusqu'aux mollets, elle est
fermée sur le devant par une rangée de 14 boutons énormes, et fen-

---

1. J. Quicherat. *Histoire du Costume*, p. 233.

2. Viollet-le-Duc. *Dictionnaire du Mobilier*, IV, 46. Viollet-le-Duc ne cite pas le curieux
passage suivant qu'on trouve dans le Continuateur de Guillaume de Nangis (Edit. Géraud,
t. II, p. 237). « Anno igitur MCCCLVI fastus et dissolutio in multis personis nobilibus et
« militaribus quam plurimum inolevit... Incœperunt etiam tunc gestare *plumas avium in*
« *pileis adaptatas*, laxantes ultra modum se ad voluptates carnis... » La plume d'oiseau fut
donc une parure dès 1356 environ ; elle ne fit que prendre, peu à peu, une plus grande
importance. Si les plumes d'autruche deviennent l'apanage à peu près exclusif des compagnons, dans les années 1360-66, c'est que les capitaines des bandes se les réservent comme
nous l'avons dit. Aussi est-il rare de voir un seigneur avec une plume dans les miniatures,
sur les tombeaux ou sur les sceaux de ces dates. Après 1390 on en rencontre de nombreux
exemples, jusqu'au xvIe siècle, mais la forme du chapeau est tout autre.

3. Aimé Chérest. *L'Archiprêtre*, 1879, in-8°, et le P. Denifle, *Désolation des Églises de
France*, t. II, 1re moitié, 1899, in-8°.

due sur la cuisse pour permettre le cheval. Les manches larges en sont visiblement rembourrées contre les coups de taille[1]. Telle qu'on

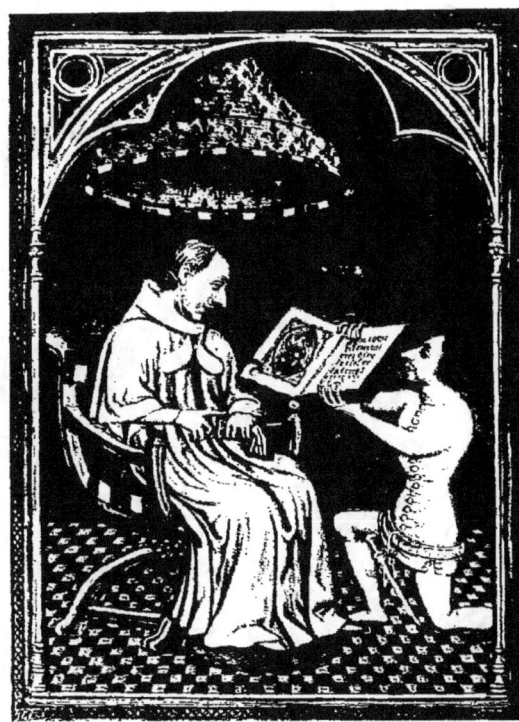

la voit là, toutefois, cette houppelande est extrêmement rare dans les représentations figurées. Autant le pourpoint serré et boutonné comme un gilet, celui de certaine figure du retable de Cluny[2], des Anges de l'Euphrate dans la 1re édition de l'*Apocalypse*, est couramment rencontré, autant cette cotte d'armes flottante, serrée à la taille par une ceinture, et boutonnée sur le devant, se voit peu. Les Français nomment l'habit en question une « cotte », un « garde corps », et c'est bien

Jean de Vaudétar et Charles V. Tunique semblable à celle des bourreaux d'Enoch et d'Hélias dans la 1re édition de l'*Apocalypse*. Peinture de Jean de Bruges dit de Boudolf (auteur des tapisseries de l'*Apocalypse*).

un « garde corps » que le centurion a endossé; les caractères de cet

1. Il faut signaler ici l'identité absolue de ces manches avec celles de la cotte d'armes écourtée de la statuette de saint Georges au musée de Dijon. Ce délicieux spécimen de la sculpture sur bois du XIVe siècle est dû au sculpteur Jacques de Baerze, le même qui tailla le grand retable. Bien que postérieur de quelques années à nos hommes, le saint Georges porte les manches rembourrées « et à gigot », le gourgerit, les boutons, les plates. l'épée à quillons incurvés de nos personnages. A part le bacinet qui est à bec mobile, et la forme courte du gambeson, le saint Georges peut être rapproché de notre second soldat.

2. *Catalogue de la vente Baudot*, n° 1012.

habit ont été précisés par Viollet-le-Duc : robe de cheval fendue, à larges manches, et retenue par une ceinture[1]. C'est précisément cette robe de cheval que nous voyons dans un ivoire de la collection Spitzer à un centurion, auquel il ne manque guère que la plume au bonnet pour rappeler complètement le nôtre.

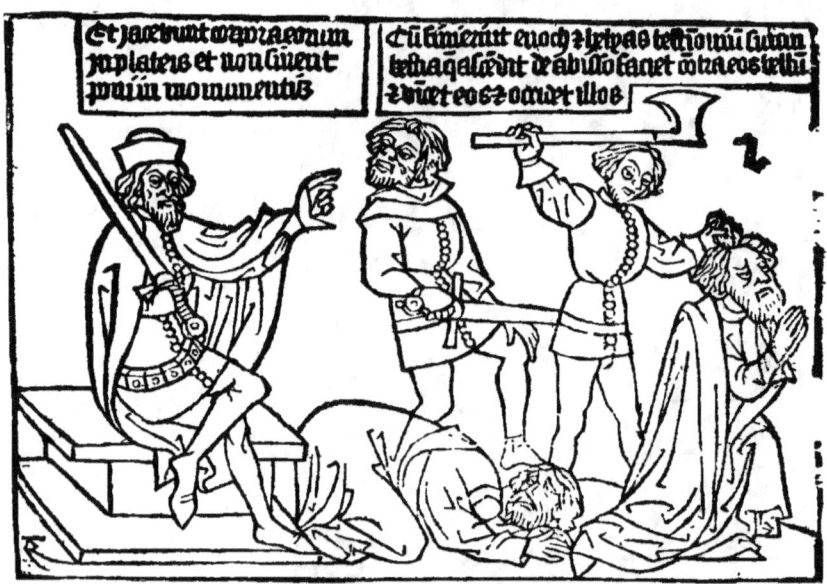

Apocalypse. 1ʳᵉ-3ᵉ éditions. Meurtre d'Enoch et d'Hélias par ordre de l'Antéchrist. Chapeau de bièvre,
gros boutons, ceinture de chevalerie. Bourreau inspiré par celui du
Parement de Narbonne au Louvre.

Les boutons sont en vérité hors des proportions communes; si nous donnons au centurion une taille approximative de 1 m. 80 c. chacun des boutons a, par rapport à lui, au moins 6 centimètres de diamètre. Ils forment une garniture dans le genre de celles que les travestis du Carnaval moderne donnent aux Pierrots. Mais ils ne sont point exceptionnels alors, surtout entre 1350 et 1370, en France. La mode en est devenue impérieuse chez les princes et les seigneurs. Une miniature française, conservée au Musée Westreen, à la Haye,

1. *Dict. du Mobilier*, III, p. 410, fig. 11.

représente Jean de Vaudétar offrant un livre à Charles V; l'œuvre est de la main de Jean de Bruges, peintre du Roi. Or, Jean de Vaudétar vêtu d'un pourpoint court, moulant le buste, a, sur le devant, une garniture de boutons énormes [1]. Une autre miniature du même genre, autrefois à la Chambre des comptes, et brûlée dans le grand incendie de 1730, montrait une cour plénière tenue par le roi

1. *Catalogue de Roger de Gaignières*, n° 338. La miniature porte une inscription qui indique Jean de Bruges comme le peintre du Roi. Le manuscrit offert par Jean de Vaudétar était une Bible. Il est utile de signaler ici la concordance parfaite de l'habit de ce seigneur avec celui des Anges de l'Euphrate, de l'Antéchrist et d'autres personnages dans la 1ʳᵉ édition de l'*Apocalypse*. C'est l'identité absolue (voir p. 86 et 87).

Cette décoration de la *garnache*, ou robe d'homme, est très en honneur chez les Espagnols durant le xivᵉ siècle. Sur les bas-reliefs du tombeau de Don Felipe Boil, capitaine général du roi d'Aragon, aujourd'hui conservé dans la salle capitulaire des Dominicains à Valence, et qui date de 1384 ou 1385, on voit des pleureurs porter, sur leur manteau de deuil, des boutons ronds comme ceux de notre centurion; ce sont même *les seuls qui soient réellement de la taille et de la forme des nôtres*. Un autre tombeau de 1394, représentant Don Alvaro de Guzman, dans la chapelle Saint-André, à la cathédrale de Séville, fournit une garniture de boutons plus rare encore; la garniture est graduée, c'est-à-dire qu'elle débute par un petit, puis un plus gros bouton, jusqu'à celui du milieu qui est de la grosseur d'un petit œuf. Ce seigneur a des manches rembourrées comme le saint Georges de Dijon. Le tombeau de D. Juan Alonzo, seigneur de Ajofrin, tué en 1382, et dont la sépulture fut faite l'année suivante, dans le monastère Saint-Dominique de Silos, à Tolède, offre une garniture dont les pièces sont de pareille grosseur. (V. Cardereira. *Iconographie Espagnole*, t. I, pl. XXIV, XXV, XXXV.)

En Angleterre, les boutons représentés sur des tombes de chevaliers n'ont jamais cette importance; un bourgeois de Lynne, Robert Attelathe, en 1376, en a de petits, deux par deux, sur sa garnache; la tombe de Thomas Beauchamp, comte de Warwick, dans l'église de Sainte-Marie du même lieu, date de 1370; le soubassement contient 36 figures dont plusieurs hommes et femmes portent les boutons comme ceux de notre centurion; mais si cet ornement est rencontré sur les costumes civils, on ne le voit guère aux costumes militaires. Conf. *Sepulcral Monuments in Great-Britain*, vol. I, part. II. Londres, 1796. Dans Stothard et Kempe, *Monumental effigies of Great-Britain*, on voit, à la planche 65, les parents de Robert de Kerdeston, mort en 1337, porter des manteaux et des robes à très gros boutons. William d'Hatfield, deuxième fils d'Edouard III et de Philippa de Hainaut, en a de remarquablement décorés sur l'épaule droite (*Ibid.*, fol. 69). Mais où l'on voit ces boutons atteindre à un très grand degré de richesse, c'est sur la statue de Lady Mohun à la cathédrale de Canterbury; ils sont en relief, ciselés, et montrent un chien dans un encadrement de perles (pl. 87). On en voit d'identiques, mais bien plus modestes, à Jeanne de Navarre, femme d'Henri IV, à la cathédrale de Canterbury (pl. 102). A partir de 1400, on n'en trouve plus guère.

Dans les pays voisins du Rhin, en Lorraine et en Alsace, les mêmes boutons retardent L'artiste en a donné aux nombreux personnages de la *Vie de saint Clément*, citée à la p. 85, note 1 ci-devant. (Bibl. de l'Arsenal., n° 5227.) Ce ms. date de 1403.

Charles V, pour la réception de l'hommage de la comté de Clermont, par le duc Louis II de Bourbon [1]. A la cérémonie, assistent tous les grands personnages du temps, le duc de Bourgogne et le duc de Berry, frères du roi, Bertrand du Guesclin connétable, Louis de Sancerre maréchal, Jean de Vienne amiral, et beaucoup d'autres. Tous ont revêtu le manteau en clamyde, ouvert sur l'épaule, qui est de grande cérémonie. Or, sur l'épaule, à l'endroit précis où les ancêtres des xiie et xiiie siècles portaient l'agrafe d'or, la plupart de ces personnages ont une rangée de boutons d'une forme plate, qu'on devine précieusement ciselés et ornés de pierreries. Le module en est exceptionnel, supérieur certainement à celui des boutons arrondis que les grands

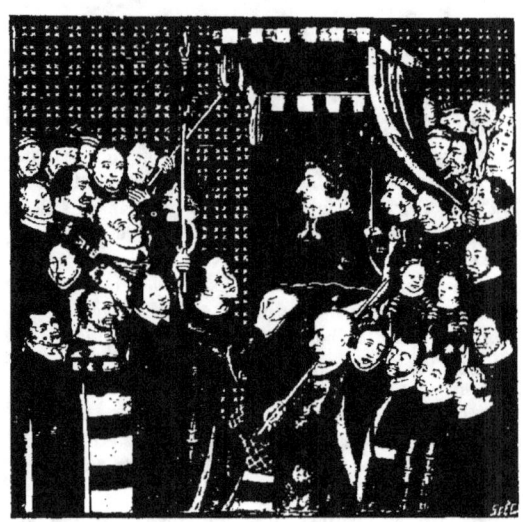

La cour de Charles V. Les gros boutons sur l'épaule des chevaliers.
B. N. Estampes Oa 12, fol. 8.

seigneurs portent, sur le devant du pourpoint, comme Jean de Vaudétar. Telle est alors la valeur de ces garnitures que le duc Louis de Bourbon, celui-là même qui prête hommage au roi dans la miniature citée par nous, vend, le 16 juin 1368, à un épicier de Londres, Jean Donat, sa cotte d'écarlate, garnie de boutons en pierreries, moyennant le prix à peine croyable de 4500 écus d'or au coin d'Angleterre [2]. Somme toute, cette mode singulière revivra chez nous aux approches de la Révolution, quand on verra aux « Petits maîtres »

1. *Catalogue de Gaignières*, no 340.
2. Siméon Luce. *Duguesclin*, p. 162. M. Luce cite une pièce des archives nationales. Voir, pour les luxes anglais, la note de la page précédente.

ces boutons miniatures encadrés d'un verre, larges comme un écu
de six livres, et faisant sur l'habit une exposition de petits tableaux
brillants. D'Angleterre, mais surtout de France et d'Espagne, au
xiv⁰ siècle, la mode en passe à toute l'Europe, jusqu'à la folie : et les
pires sottises furent encore celles des « compagnons » qui ne trou-

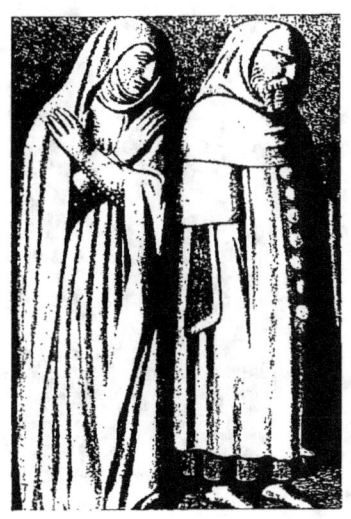

Pleureurs du tombeau de Felipe Boil à Valence
(Espagne). d'après Candereira.

vaient jamais la forme assez large,
ni l'or trop beau. Ce n'est toutefois
qu'en Espagne sur la tombe de don
Felipe Boil aux Dominicains de
Valence que nous rencontrerons une
garniture équivalente à celle de notre
centurion, c'est-à-dire quelque chose
comme la garniture outrancière d'un
habit de carnaval[1]. Après 1380, on
se lasse de ces excentricités que les
Grandes Compagnies ont contribué à
rendre vulgaires; les Allemands les
gardent jusqu'après 1420, mais petits,
modestes et sans nulle recherche. On
les voit dans la première édition
de l'*Apocalypse* aux anges guerriers,
à l'Antéchrist; dans les éditions postérieures ils ont totalement
disparu[2].

Ces éléments de critique, jusqu'à ce jour dédaignés par les érudits
spéciaux, valent cependant qu'on leur accorde un crédit limité. Très
gros, les boutons annoncent une œuvre française ou espagnole de
1350 à 1370 au moins; petits, une œuvre allemande jusqu'en 1430[3].

1. Cardereira. *Iconographie espagnole*, t. I, pl. XXIV, voir p. 88, note 1.
2. Consulter le ms. fr. 167 à la Bibliothèque nationale, les ivoires de la collection
Spitzer, le retable de la collection Baudot, n⁰ 1012, et, en général, tous les documents
franco-bourguignons de 1350 à 1380. On voit de gros boutons aux flagellants d'un Christ
à la colonne, au Cabinet des estampes (Schreiber, I, n⁰ 288). Cette pièce paraît française
de 1400-10 environ. (Ea5. Réserve).
3. Les petits boutons se rencontrent dans beaucoup de documents allemands (?) jusqu'en 1450. On peut en voir aux bourreaux d'un Christ à la colonne, faisant partie d'une

Invoqués comme preuve unique, ils ne suffiraient pas, mais s'ils s'ajoutent à d'autres présomptions, ils peuvent aider à la détermination d'une pièce, autant que le papier ou le tirage.

La cotte d'armes du centurion est comprimée *à la taille* par une ceinture articulée, formée de cubes carrés rejoints entre eux par des charnières, à la façon de certains bracelets d'aujourd'hui. Nous remarquerons, avant toutes choses, que cette pièce capitale du harnois guerrier *n'est point encore descendue à la hauteur des hanches*, suivant l'usage qui prévaudra de 1380 à 1410 environ. Elle est attachée et fixée à la taille, comme on voit celle de Duguesclin sur son tombeau de Saint-Denis, ou celles de Louis de Châtillon, comte de Blois, et de Philippe de Rouvres, duc de Bourgogne en 1361, sur leurs sceaux équestres. Bientôt la ceinture de chevalier atteindra des prix énormes,

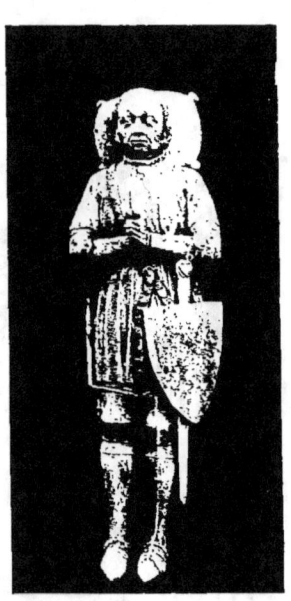

Tombeau de Bertrand Du Guesclin
à Saint-Denis.

200, 300 francs d'or, c'est dire, en valeur relative, au moins 10.000 francs de notre monnaie [1]. Les Anglais envahisseurs exagéreront le luxe; leurs tombeaux d'Angleterre nous ont révélé des coquetteries à peine croyables sur ce fait [2]. Au début de cette mode, vers le milieu

suite de pièces sur la Passion, dont une porte le millésime 1446, et qui provient de J. Renouvier. L'estampe est une taille-douce peut-être flamande.

1. De Laborde. *Les ducs de Bourgogne*, Vol. III. Preuves. Nos 5440, 5442, 5443, 5547, 5784. Constatons ici d'après Demay, *ouv. cité*, pl. V, que la première ceinture, comme celle de notre centurion, est inaugurée en 1361 par *Philippe de Rouvres, duc de Bourgogne*.

2. Stothard. *Monumental effigies of Great-Britain*, in-4° (passim). Mais cette passion de ceintures riches n'existe pas que dans la haute classe des armées anglaises ; les bandes de routiers déchaînés par eux sur la France, après le traité de Brétigny, recherchent ces ceintures avec une véritable frénésie. Ils laissent passer les objets en franchise et se les approprient dès qu'ils peuvent. Les habitants de Vendières, dans le canton de Charly, départe-

du XIVe siècle, les Français ont plus de simplicité; bientôt l'exemple gagnera. Dans l'Ile-de-France, dans la région bourguignonne ou

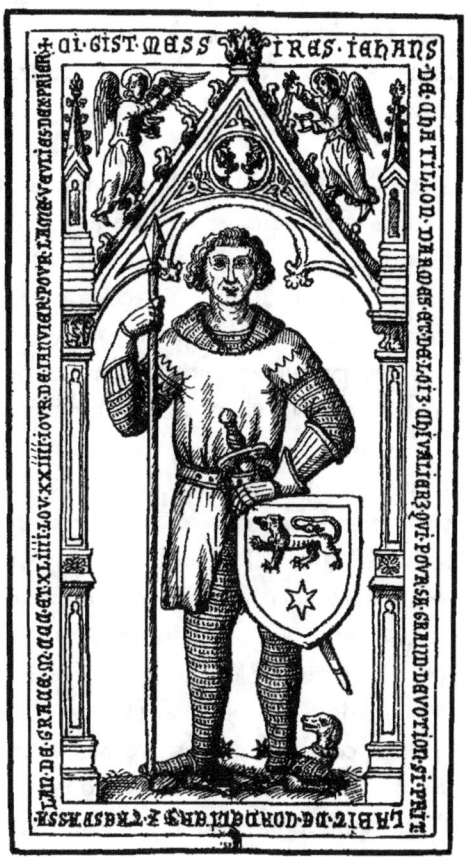

Seigneur bourguignon de 1344 portant les épaulières endenchées et les gants à crispin des hommes du bois Protat. B. N. Estampes Pe 4. fol. 15

lyonnaise, les chevaliers ne le cèdent point aux plus fastueux. Mais le fait, pour la ceinture, d'être remontée à la taille témoigne d'une priorité; la date n'en peut guère dépasser 1380 en France ou 1400 ailleurs. L'ange de l'Euphrate si souvent invoqué ici, a cette ceinture de chevalerie; elle est attachée à la hauteur du bassin au-dessous du nombril, tandis qu'une courroie comprime la taille à la place habituelle; c'est un apport nouveau en faveur de la date attribuée, par nous, à l'édition du xylographe, où cet ange est représenté (voir la figure p. 11).

Il y a les gants aussi dont on peut faire état à la rigueur, bien que, sur cette partie de l'ajustement, on sache peu de divergences

ment de l'Aisne, doivent payer au chef des Anglais, cernant la ville, « une ceinture de quatre marcs d'argent ». (Arch. Nat. II. 86, n° 520, cité par Siméon Luce, *Duguesclin*, p. 337, note 7.) Ce sont *leurs pareils qui réquisitionnent les robes, les chapeaux de castor et les plumes d'autruche*. Ceci est à noter. Voir ci-devant p. 84, note 3.

d'un pays à l'autre. Ceux que le centurion et ses hommes portent sont à manchettes en cornet, en *crispin*, à la façon de 1360. J'en vois une paire fort curieuse, par les dimensions du crispin, à un chevalier bourguignon, Jean de Châtillon-sur-Seine, que nous a conservé Gaignières. Ce personnage, mort en 1344, offre d'autres analogies encore avec nos hommes, par sa cotte d'armes et sa ceinture [1].

Les plates du centurion et celles de ses deux compagnons sont d'une extrême simplicité, sans nul arrangement ni décoration de genouillères, ni toutes les fioritures flamandes du xve siècle, aperçues dans la Crucifixion de Munich, par exemple. Ici, ce sont des lames de métal sans arêtes, arrondies en gouttière, jointes, au pli du genou, par une pièce ovale. Sur les jambières sont découpées des languettes de métal, où viennent s'attacher les courroies de maintien. Les plates descendent jusqu'au pédieux ou soleret, c'est-à-dire le pied, défendu par une armure imbriquée. Ce sont les plates de tout le monde au milieu du xive siècle, et les tombes encore aujourd'hui retrouvées nous en montrent des centaines d'exemples. Il y en a aux environs de Paris, dans le nord, dans l'ouest, dans la région bourguignonne et lyonnaise. Ce sont ces plates que porte un seigneur bourguignon Ithier d'Argilly, mort en 1343 [2]. Des sires de Cluny, jadis enterrés aux Pères de l'Oratoire à Dijon, et dont la tombe datait de 1387, portaient de semblables jambières. Si, conduits par nos recherches, et guidés par ce que nous savons de l'histoire de Sennecey ou de la région, au xive siècle, nous allons dans le pays franc-comtois, nous retrouvons à Neuchâtel, aujourd'hui en Suisse, mais, en ce temps, bonne terre romane parlant la langue française, les tombeaux des

1. Bibl. Nat., Dép. des Estampes, Pc 4, fol. 15. *Catalogue de Roger de Gaignières*, n° 3930. Voir aussi les gants du saint Georges au musée de Dijon, déjà cité.

2. Taylor, *Voyages pittoresques dans l'ancienne France*, Bourgogne, in-fol. Pour compléter ces renseignements, disons que la première apparition de ces plates dans un sceau date de 1301 et qu'elles sont figurées sur un sceau de la comté de Bourgogne, celui de Jean de Chalon (Demay, *Le costume de guerre et d'apparat*, Paris, 1875, in-8°, p. 11, pl. IV, fig. 15).

maîtres du lieu. Encore chez ces jurassiens, les plates sont identiques
aux nôtres, et le cas vaut qu'on le note, car les trois figures de ces
mausolées, à la collégiale de Neuchâtel, ont été sculptées en 1372 par
les ordres du comte Louis, le plus illustre de ces hommes [1]. Aucun
autre monument ne nous fournira plus d'analogies singulières ; les
solerets, même, sont ceux de nos gens, inclinés vers la pointe, ce
qui est une des plus formelles attestations de gothique. Sincèrement,
nous ne saurions vouloir pour le centurion beaucoup plus de concordances, et cependant il reste l'épée, sur laquelle il s'appuie, l'épée, à
quillons carrés, incurvés vers la lame, arme bourguignonne et comtoise
qui justement pend au côté gauche du comte Louis de Neuchâtel [2].
Le Musée d'artillerie expose une arme de ce genre, le pommeau en
est aplati, et sur ce pommeau est écrit le nom de MARIA en onciales.
Ne sont-ce point là beaucoup de faits, dont les synchronismes heureux valent qu'on les note ? Louis de Neuchâtel a dans ses terres le
prieuré de Morteau, dépendance de l'abbaye de Cluny [3]. Les sires de
Vuillafans qui lui sont alliés et peut-être un peu parents (?) sont également seigneurs de la Tour à Sennecey, en Bourgogne; eux-mêmes,
les Neuchâtel ont le vieux Vuillafans dans leur domaine, ils en sont
seigneurs, et l'un des plus célèbres parmi ceux qui en portent le
nom sera précisément le fils de Louis, comte de Neuchâtel et de
Jeanne de Montfaucon; il se nomme Jean, il est né en 1334 [4] et il
deviendra vite, grâce aux guerres privées d'alors, un des plus ter-
ribles adversaires du duc de Bourgogne. Pris dans un combat à
Pontailler, au temps où Arnaud de Cervole est dans la contrée, il

---

1. Consultez *Musée Neuchâtelois*, 1868, p. 104. On voit là les figures du comte
Rodolphe II et d'un autre seigneur, publiées par Bachelin. Voir aussi du même Bachelin,
Iconographie Neuchâteloise, p. 123. Et pour la date de construction de ces monuments,
Matile, *Monuments de l'Hist. de Neuchâtel*, t. II, p. 974. « Ludovicus comes, egregius
novi castrique dominus, hanc tumbam totamque machinam, ob suorum memoriam fabre-
fecit anno M CCC LXXII. » Lui-même mourut le 5 juin 1373.
2. Voir dans Pe 4, au Cabinet des Estampes, les tombes des seigneurs bourguignons.
3. Voir dans Matile, t. II, les pièces concernant les rapports du comte Louis avec
Cluny, au sujet du prieuré de Morteau.
4. Matile, *Monuments de l'Hist. de Neuchâtel*, t. I, p. 413.

mourra en prison dans l'année 1369. Sa sœur est Isabelle de Neuchâtel, mariée à l'Allemand Rudolf, comte de Nidau, elle sera dame
de Vuillafans après lui. Par une singularité qui a donné lieu à bien
des méprises, une autre famille de Neuchâtel, presqu'aussi puissante,
existe en Comté, mais les armes
diffèrent. D'ailleurs, les comtes
de Neuchâtel, en Suisse, descen-
daient de ces Fenis dont était le
troubadour Raoul [1]. Par un
second mariage, le comte Louis
a uni les Neuchâtel de Suisse
à ceux de Comté; il épouse
en secondes noces Catherine de
Neuchâtel-sur-le-Doubs. Il est
parent des Montfaucon, des
Faucogney, des plus grands seigneurs de la Comté française;
lui-même parle le français, et
si Raoul le troubadour a écrit
ses petites histoires dans un
dialecte allemand, ses descen-
dants affectent de parler notre
langue, qui est celle du pays de

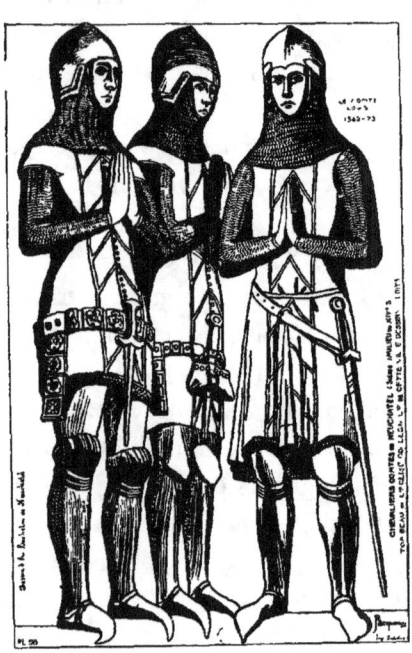

Les trois Neuchâtel. D'après Jacquemin, pl. 98.

Neuchâtel. Ils dépendent politiquement de l'Empire, mais toutes leurs
relations sont du côté du Jura français, la Bourgogne ou la France.

Sans doute, je ne crois pas que notre bois ait été taillé à Neuchâtel, car, en art, ce pays est d'une misère absolue; il ne connaîtra
l'imprimerie que cent ans après les autres; ses peintres, comme
celui des fresques de la Collégiale [2], sont vraisemblablement d'impor-

1. Le portrait de Raoul de Fenis, troubadour du XIIIe siècle, a été publié d'après la
miniature d'un ms. de la Bibl. Nat., par Bachelin dans le *Musée Neuchâtelois*, 1866, p. 230.
Il est l'ancêtre direct de Louis de Neuchâtel.

2. « La Suisse, par sa situation géographique, n'était pas appelée à la production

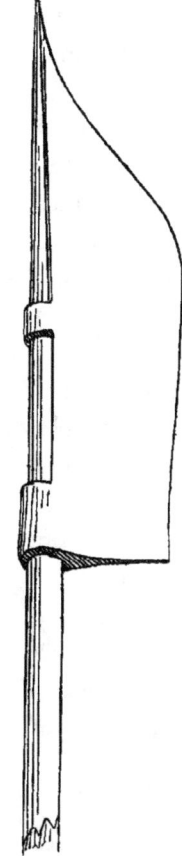

tation bourguignonne; c'est à coup sûr aux Bourguignons, aux artistes lyonnais ou à ceux de Cluny, ceux du retable, que le comte Louis aura demandé les figures du mausolée de 1372. Son prieuré de Morteau le met en relations avec le chef d'ordre; où trouverait-il sur la question artistique aide plus profitable que parmi les artistes de l'abbaye mère ? L'extrême élégance des figures du tombeau, leurs harnois de guerre très simple, l'épée à quillons du comte Louis, les ceintures de chevalerie, tout est en faveur d'un travail de Bourgogne, et l'artiste qui a sculpté les statues est de commune origine avec l'auteur de notre bois.

Justement le second soldat aperçu sur notre xylographe est coiffé comme le seigneur Rodolphe de Neuchâtel, d'un bacinet conique [1], colleté d'un gourgerit de mailles comme lui, et comme les trois comtes, harnaché d'une cotte d'armes et de plates très simples. De ce Neuchâtel à notre homme, c'est plus encore qu'une parité d'armures, c'est une identité de physionomie et de traits généraux du visage, le même élancement de corps, tant de ressemblances, qu'on dirait l'un la transcription naïve de l'autre [2]. Et si, à ces

Vouge suisse du XIVᵉ siècle.
Musée de Lucerne.

« artistique, cependant elle ne reste pas indifférente à ce courant généreux qui, depuis le
« XIIIᵉ siècle, devait aider si puissamment à régénérer le vieux monde. Elle eut donc
« aussi ses architectes, ses peintres... elle eut *plus tard* quelques graveurs, quelques
« orfèvres et ses peintres verriers. » (Bachelin, *Musée Neuchâtelois*, 1866, p. 246.) Des
fresques de la cathédrale encore visibles sont de l'école bourguignonne. Elles datent de
1390 environ.

1. Ce bacinet ne se retrouve guère sur les sceaux. Demay cite Itier de Pérusse, commandeur des Hospitaliers en 1369, et deux représentations de saint Victor, une de 1390,
l'autre de 1396 (Demay, *Le costume de guerre d'après les sceaux*, Paris, 1875, in-8°, pl. XI,
fig. 53).

2. Cette ressemblance est surtout sensible, si l'on oppose le bois Protat à la belle eau-

extraordinaires concordances, nous ajoutons ce fait que notre
soldat tient à la main, en guise de la pique habituelle, une
vouge, une vouge jurassienne, *seulement jurassienne ou suisse*, jamais
retrouvée ailleurs dans cette forme[1], ne touchons-nous pas à
trop de coïncidences pour qu'on les puisse juger simplement un
effet du hasard, un cas fortuit, un jeu de réussites bizarres?
Certes le bacinet conique, les gourgerits, les cottes d'armes,
les gambisons, endenchés au bas et aux manches comme ceux de
notre 2e soldat, sont un peu rencontrés partout, mais c'est la Bourgogne et le Jura qui en fournissent le plus d'exemples[2]. Le bacinet,
sous cet aspect d'entonnoir renversé, est aussi très bourguignon ou
lyonnais; les Allemands le portent plus haut, quelquefois très haut
de forme au xive siècle, les Français de l'Ile-de-France l'ont plus
bas[3]. Un chevalier couché à Saint-Guillaume de Strasbourg, datant
de 1350 environ, a ce bacinet d'un module très différent; il n'a ni les
plates ni la ceinture. Ce sont là d'infimes remarques, mais ce peu de
chose inscrit d'énormes divergences de mœurs, de goûts, d'habitudes
et de lieux. Certes le gambison écourté[4] du premier soldat de notre
planche ne rappelle que de très loin la longue cotte armoriée et *boutonnée* du comte Rodolphe II, mais notons que celui-ci est chevalier
banneret, et que notre homme est un vulgaire piquier, un fantassin

forte de Raphaël Jacquemin d'après les comtes de Neuchâtel. *Iconographie du costume*,
pl. 98.

1. Demmin, *Guide de l'amateur d'armes*, 1869, in-8°, p. 453. La vouge suisse que publie
Demmin date de 1319; elle a exactement la forme de la nôtre, elle a été trouvée sur le
champ de bataille de Morgarten. Elle a 0,35 cent. de haut. (Fig. p. 96.)

2. Voir les mancherons endenchés du seigneur de Châtillon cité plus haut. *Cat. de
Roger de Gaignières*, n° 3930. (Fig. p. 92.)

3. Bibl. Nat., *Dép. des Estampes*, Oa 12 fol. 24. (Geoffroy Colon) *Ibid.*, fol. 56. Un capitaine à cheval, Oa 11, fol. 49 (Pierre de Villemétrie), tous morts dans le milieu du
xive siècle. Pour les Allemands, voir Hefner-Alteneck. (Fig. p. 76.)

4. Quicherat, *Histoire du costume*, p. 241. Ce gambison est très exactement celui du petit
saint Georges de Dijon, reproduit par Hefner-Alteneck (fig. p. 102) et qui est l'œuvre de
Jacques de Baerze; celui de Jean I, duc de Lorraine, et surtout — sauf les manches — celui
de Charles le Hardi duc de Lorraine, en 1390 (Demay, pl. V). Mais les endenchures des
manches et du bas, la ceinture à la taille, sont beaucoup plutôt ceux de Philippe de
Rouvres, duc de Bourgogne, sur son sceau équestre de 1361 (Demay, pl. V).

qui n'endosse point le haubert, car ce vêtement de défense gênerait
ses mouvements et l'écraserait à la longue. Seulement il a le gourgerit ainsi que le noble seigneur; à ce gourgerit son bacinet est accro-
ché, et s'il est imberbe, comme les trois Neuchâtel du mausolée, c'est
que ce gourgerit aurait, pour lui comme pour eux, l'inconvénient
d'arracher la barbe au moindre effort.

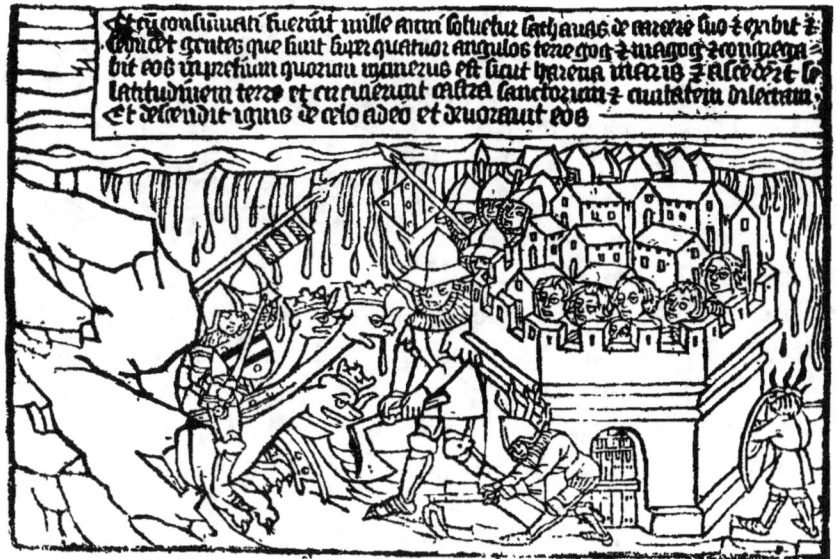

Apocalypse, 1ʳᵉ-3ᵉ édit., pl. XXXVII. L'archer du bois Protat avec n anches endenchées.

Le second soldat, le dernier personnage du groupe, nous fournira,
pour les dates et les origines, certaines indications utiles. C'est un
personnage barbu, mais d'un poil rare et frisé, coiffé d'un chapeau de
guerre, ou cervelière de fer, à arête très aiguë, à bords en cloche,
assez voisin de notre casque colonial moderne. Cette coiffure militaire est ancienne, on l'a vue aux combattants français du xiiiᵉ siècle [1],

[1]. L'histoire de ce chapeau de fer, dit chapeau de Montauban, est curieuse, elle remonte
au xiiᵉ siècle, et le premier que l'on voit sur un sceau est celui de Nevelon, maréchal de
France en 1122 (Demay, pl. XI); on en voit au comte de Guines, 1248, à Jean Payebien,
1256, à d'autres encore. Il est alors un timbre arrondi avec ailettes rabaissées. Pendant

mais sous une forme moins anguleuse. C'était la protection ordinaire des *pavoisiers* ou archers fantassins, que le bacinet gênait dans les marches, et qui ne portaient, dit Quicherat « de l'armure en fer battu « que les petites pièces appro-

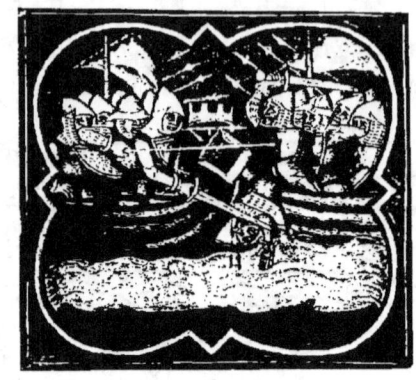

« priées à la défense des épaules,
« des coudes et des genoux.
« Leur corps était protégé par
« un hoqueton de buffle, par un
« pourpoint gambaisé qu'on
« appelait alors un Jacques ».
Tout à l'heure nous revien-
drons au pourpoint; quant au
chapeau de fer il n'est pas celui
très rond de Gaignières[1], pas
non plus celui, assez pareil, de

Coiffures françaises de 1380 environ. B. N., ms. fr. 2813.

Swebische Hall cité par Demmin[2], car ceux-là, français ou allemands, sont des cloches sans *nerf*, c'est-à-dire sans arête aiguë. Dans le manuscrit 167, déjà souvent cité, les ailes de cette pièce d'armure sont en suroît[3], on la retrouve dans une tapisserie d'al-lure française reproduite par Hefner-Alteneck, d'après l'original au

les croisades, sous le soleil du pays d'Orient, il avait été choisi pour laisser l'air circuler autour de la tête. Joinville raconte qu'il fit ôter le heaume du roi saint Louis et lui donna son chapeau de fer, « pour avoir le vent ». Au milieu du XIVe siècle, on le retrouve, à peu près pareil à celui du temps de saint Louis, comme on le voit dans la représentation de Gaignières citée ci-après. La forme anguleuse du nôtre ne se retrouve ni dans les sceaux, ni sur les tombeaux, parce qu'alors il est considéré comme la coiffure des « soudoyers » ou *soldats* gens touchant une paye. La forme ronde sans arête est plutôt française, pari-sienne, quelquefois italienne, très souvent rencontrée dans des manuscrits, malheureuse-ment non datés, de la Bibl. Nat., de la Bibl. de l'Arsenal, et d'autres fonds. Je ne le vois pas en Allemagne, du moins sur les monuments que j'ai pu consulter; s'il apparaît là, il a toujours le talus élévatoire à pans droits qui le distingue absolument. Nous aurons occasion de reparler de ce chapeau à la page suivante, aux notes à propos de l'Apocalypse.

1. *Catal. de Roger de Gaignières*, n° 393.
2. Demmin, *Guide de l'amateur d'armes*, p. 382.
3. Bibl. Nat., ms. 167 du fonds français. Par *suroît* je veux indiquer l'aile de derrière du chapeau qui protège l'occiput par une avancée. On voit de ces chapeaux aux compa-gnons de Duguesclin vers 1390, dans le ms. de la Bibl. de l'Arsenal, n° 3141.

prince de Hohenzollern-Sigmaringen [1]. Dans un manuscrit de *Tristan et Iseult*, à la Bibliothèque nationale, datant de 1390 environ, ceux qui portent cette cervelière ne sont déjà plus barbus [2]. Les Allemands ne paraissent pas avoir adopté cette coiffure de bonne heure; lorsqu'ils l'adopteront, au commencement du xve siècle, ils l'éléveront d'un étage en talus droit, ils perceront des œillères dans la visière. Chez nous je ne l'ai retrouvée qu'une seule fois absolument identique à celle de notre homme, c'est dans un manuscrit des grandes chroniques rédigées sous Charles V [3]. Une miniature représentant un combat naval offre une cervelière textuelle, avec la même arête et la même inclinaison des ailes. Or, comme je veux tenir compte de tous les incidents, fussent-ils en apparence contraires à ma thèse, je dois reconnaître que ce manuscrit est parisien, que les hommes représentés sont pour la plupart ceux de la milice parisienne en 1370, et que ni les monuments, ni les manuscrits de l'Est ni de Bourgogne ne m'en ont montré de pareils, au moins dans les monuments datés [4].

1. Pl. 224.
2. Bibl. Nat., Dép. des Mss., Ms. fr. 101, fol. 34.
3. *Ibid.*, ms. fr., 2813 (fig. p. 99).
4. Je ne fais point entrer en ligne de compte la cervelière absolument semblable de *l'Apocalypse*, donnée comme 5e par Heinecken et 3e par Sotheby, et dont un exemplaire superbe figure à l'Exposition de la Bibliothèque Nationale. Les planches de cette édition et celles de la 1re édition et de la 2e de Sotheby sont identiques, nous avons donc à faire à la première taille des bois d'une Apocalypse. Or, partout où les anges de l'Euphrate se montrent dans les exemplaires de ces trois éditions dont on a fait « le groupe néerlandais », *la cervelière à arête aigue de notre* soldat *est fort exactement reproduite*. Cette circonstance est surtout sensible dans la planche du bas : « La sixième trompette, les quatre anges de l'Euphrate », où on les voit armés en guerre comme notre premier et notre second soldats et distribuant des coups de hache (voir fig. 1, p. 10). Je ne prends pas acte de ces rapports formels, parce que je ne veux pas à la légère dater ce précieux incunable. Pourtant si les opinions des savants en ce qui concerne l'époque vraisemblable de la composition sont fort divergentes, Sotheby lui assigne 1415-1420. Van Damme, dans un catalogue de vente, l'attribuait à *Laurent de Coster* et lui assignait comme date 1430-1440. Nous ne parlons point ici des éditions successives, mais de l'*invention*, de la première apparition des planches. Sotheby avait essayé de le rapprocher d'un manuscrit qui a été copié sur le bois inévitablement (t. I, p. VIII, IX). Tous cependant paraissent s'accorder à y voir l'œuvre d'un Néerlandais, c'est-à-dire d'un artiste des Flandres vraisemblablement. Nous sommes assez près de nous entendre, sauf sur la date qui est sûrement voisine de 1400. La tenue des figures, leurs armures, les boutons dont nous avons parlé et qu'on retrouve à l'Antechrist,

Pour le reste de son accoutrement guerrier, notre second soldat ne marque rien de très spécial. Son gambison, s'il en a un, est sous sa longue cotte d'armes. Celle-ci a aussi des manches rembourrées, comme celles du petit saint Georges du musée de Dijon [1] et, sur ses manches, faisant mancheron, on lui voit une épaulette endenchée, semblable à celle de Jean de Châtillon-sur-Seine, mort en 1344, et qui est reproduit par Gaignières [2]. La ceinture qui serre notre homme à la taille est la même que celle du centurion ; ses gants sont à revers aussi, et de la main gauche, il tient un fragment d'arc. Quant aux plates des jambes et aux solerets, ce sont ceux des deux autres, fort exactement.

Rien ne vient donc infirmer nos précédentes constatations ; barbu, il est du milieu du xive siècle, casqué à arête, il n'a point encore ce chapeau de Montauban à œillères et à forme rabaissée, dont l'Allemagne et les Flandres s'empareront dans le xve siècle. Sauf quelques différences dans les lignes générales, ce chapeau est celui de l'ange à

aux bourreaux qui tuent Hélias et Enoch, et à divers personnages, en sont une preuve. Il y a mieux encore, c'est la grande *prostituée* assise sur la bête à sept têtes, et qui arbore les deux tresses de cheveux à la mode des femmes de France, notamment de la reine Jeanne de Bourbon, femme de Charles V, morte en 1378 (voir p. 60), et à toutes les femmes qui assistent à un hallali du cerf dans une miniature autrefois à la Chambre des Comptes et dont le Cabinet des estampes a la copie (voir p. 59). Voir également la Reine de Saba, du ms. de Soissons n° 198, xive siècle français (E. Fleury, mss. de Soissons, 1865, pl. 14). Il est inadmissible que des copistes du xve siècle aient conservé ces modes aux femmes de leur temps, dont les coquetteries étaient autres. D'ailleurs on peut juger par les travaux allemands (sont-ils tous allemands ?) ultérieurs, combien ces pseudo-artistes un peu enfantins, prenaient de soin d'accommoder les scènes à leurs modes propres. A notre sens cette Apocalypse est française, bourguignonne, ou peut-être troyenne, en tout cas d'un art fort proche de notre bois, ce que nous essayerons de démontrer quelque jour, sans même nous servir pour argument du papier aux armes de Champagne sur lequel on la trouve imprimée. Mais nous aurons l'écriture, les abréviations, beaucoup d'autres remarques à ajouter aux présomptions apportées par les costumes, dont peu d'érudits, à part Sotheby — et encore se trompe-t-il grossièrement — n'ont voulu tenir compte (voir ci-devant p. 9, note 1).

Le chapeau à arête se retrouve encore dans le milieu du xve siècle, au 25e feuillet de la *Bible des Pauvres*, dans une Crucifixion, mais les autres caractères ont disparu, il ne reste que le chapeau. Cette pièce est flamande.

1. Hefner-Alteneck, pl. 199. Voir ci-dessus à la note de la page 86.
2. *Cat. de Roger de Gaignières*, n° 3930, déjà cité (fig. p. 92).

cheval dans la planche II de la première édition des Apocalypses.
Les éditions postérieures le remplaceront par le chapeau de Montauban à œillères (voir les fig. pp. 10-11). Il y a mieux encore, et ces

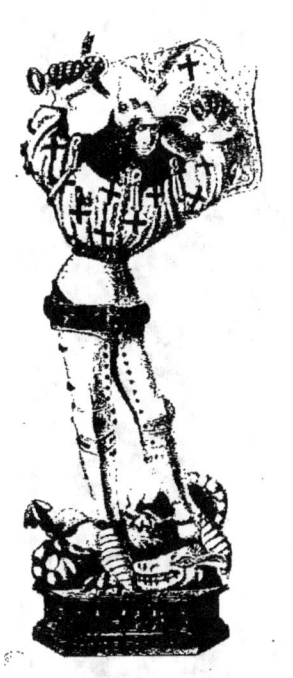

choses, nous les avons dites déjà, cet
ange de la première édition a deux
compagnons ; or, *ces deux personnages
portent le bacinet pointu et le gourgerit de
maille de notre premier soldat*. Il ne man-
querait plus qu'on trouvât à l'un des
exemplaires de ce premier tirage les
armes de Champagne rencontrées par
Sotheby dans les filigranes des *bibles
des pauvres* et dans l'édition de l'*Apocalypse*, qu'il classe deuxième, pour que
nous en vinssions à formuler une
opinion plus décisive en faveur de la
France [1].

Reste l'inscription du phylactère :
VERE FILIUS DEI ERAT ISTE, en lettres
onciales du milieu du XIVe siècle.

M. Eugène Dutuit, au cours de sa
discussion sur les éditions xylographiques, écrit ceci : « Le côté pure-
« ment matériel joue un rôle considé-
« rable, la qualité du papier, la nature

Saint Georges de Jacques de Baezre à Dijon.
Croix rouges sur l'habit.
D'après Hefner-Alteneck.

« de l'encre employée, le mode de tirage, le genre d'imposition des
« planches, la *forme des lettres dans les inscriptions* fournissent en général
« des indices précieux [2]. »

---

1. Eugène Dutuit a longuement discuté les opinions de Sotheby dans son *Manuel*, t. I,
mais il n'a pas les indices de détermination dont nous parlons. Le papier, comme nous
l'avons dit, ne serait pas une preuve, mais dans l'espèce, il concorderait formellement
avec d'autres présomptions concluantes.

2. E. Dutuit, *Manuel*, I, p. 103.

Nous avons dit trop souvent déjà pourquoi la plupart des critériums invoqués dans ce passage par le savant iconographe n'apportent

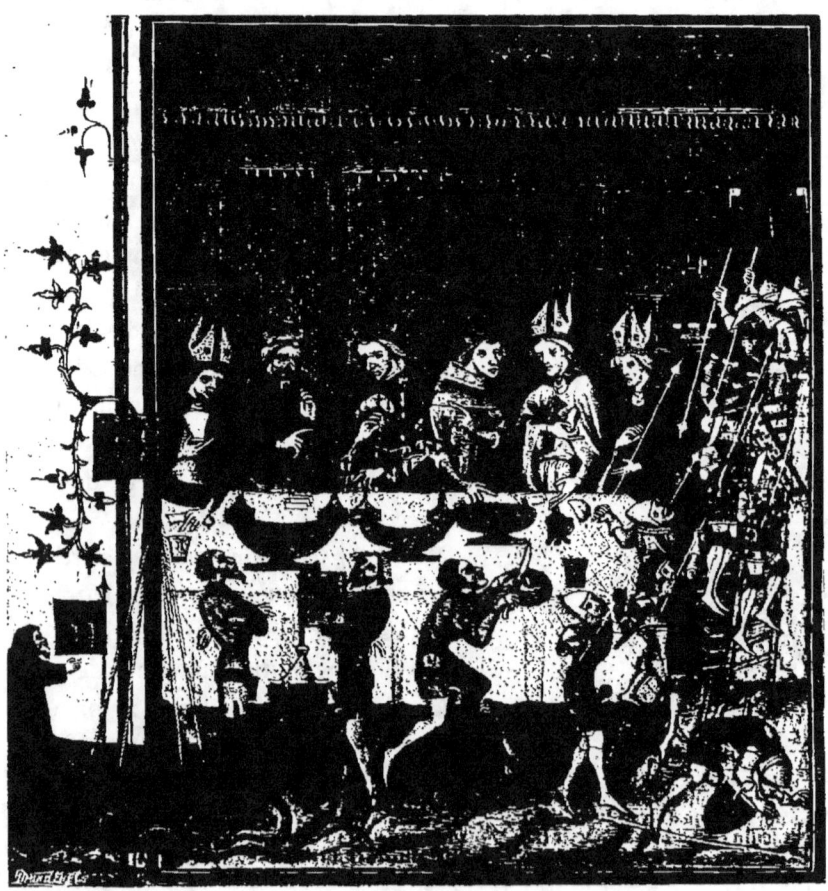

L'Empereur Charles IV et le roi Charles V à table. Combat simulé, offert pendant le repas, par des guerriers coiffés comme ceux du bois Protat. B. N., manuscrit 2813, fol. 70.

et ne peuvent apporter la conclusion définitive ; le papier, l'encre, promenés par des colporteurs, sont à peine une adjonction de probabilités. Ainsi, la marque du papier de Troyes sur un exemplaire de l'Apocalypse ne prouverait guère en soi ; mais, ajouté à d'autres raisons, il prendrait une valeur de circonstance. Par contre, les caractères d'écriture, même taillés sur bois, ont une importance capitale, parce que le graveur de lettres, si illettré et maladroit fût-il, avait souci de reproduire exactement l'écriture en usage dans les manuscrits de son temps pour mieux égarer la religion de l'acheteur.

A priori, le tailleur du bois Protat, employant la grande lettre onciale à l'ornement de sa banderole, démontre combien il est soucieux d'être lu de loin, et cette considération donne une créance nouvelle à l'hypothèse d'un tirage sur étoffe, en vue d'un tableau peint. Cependant, à la fin du XIVe siècle, et dès l'extrême commencement du XVe, même dans la volonté de faire gros pour une inscription murale ou la légende d'un tombeau, le tailleur de caractères évite l'onciale. « Depuis le XIIe siècle jusqu'*au milieu du* XIVe, dit M. Émile Raunié dans la préface de son *Epitaphier* ', les tombiers ont employé cette admirable capitale gothique dite *onciale* qui se distingue par sa rare élégance et sa parfaite netteté. Dès la fin du XIVe siècle, ils l'ont remplacée par la minuscule gothique aux formes étroites et aux traits anguleux. » Sans doute la capitale ne disparaît point totalement, mais elle se transforme et n'est plus l'onciale; on la retrouvera, avec les formes de ses lettres changées, dans les inscriptions du livre d'heures d'Étienne Chevalier, peint par Jean Fouquet ², sur des vitraux, des tableaux et parfois, mais plus rarement, sur des tombes. Certaines pièces gravées, flamandes ou allemandes, arborent cette capitale sans grâce, lourde et piteuse, qui n'est qu'un dérivé bâtard et lointain de la grande onciale des XIII-XIVe siècles. Il semble toutefois que celle-ci ne fût plus très lisible ni très intelligible à la masse, dès les années 1360-1370. J'ai tenu la plupart des incunables gravés, originaux ou reproduits, conservés dans les Bibliothèques publiques; *je n'en puis citer un seul où l'onciale paraisse en une légende complète.* Ici ou

1. Emile Raunié, *Épitaphier du vieux Paris*, I, VIII.

2. Voir l'édition de ces *Heures* par Curmer, ou celle qu'en a donnée ces années dernières M. Anatole Gruyer, dans les *Quarante Fouquet* (Paris, Plon, in-4°) d'après les miniatures conservées à Chantilly, acquises par le duc d'Aumale à M. Brentano de Francfort.

là quelques lettres initiales sont taillées dans cette forme; on en voit signer les feuillets des Apocalypses, mais dans les légendes ordinaires, les tailleurs d'images les plus anciens s'appliquent à la totalement éviter. Dans les sceaux, où pourtant elle n'est conservée que par tradition, elle est infiniment rare après 1400 [1].

Sous le règne de Charles V, elle brille son dernier éclat chez nous et encore est-elle le plus ordinairement alliée à la minuscule gothique. On la voit dans le splendide manuscrit du Saint-Esprit ou du Nœud, écrit et peint, en 1353, pour Louis de Tarente [2]. Un vitrail du XIVᵉ siècle, à la cathédrale de Beauvais, représente le donateur de la verrière, Raoul de Senlis; son nom est en magnifique onciale sur la bordure [3]; on en voit d'un peu plus tardive, de déformée aussi et sans rapport avec celle de notre bois, sur le bas de la cotte d'armes de Gilles Bataille à Metz [4]. Mais auparavant, de 1300 à 1360, c'est partout qu'on trouve l'onciale dans l'Ile-de-France, la Bourgogne, la Franche-Comté ou le Lyonnais. Nous pouvons la voir dans l'église Saint-Maclou de Conflans Sainte-Honorine, dans le département de Seine-et-Oise, sur la tombe de Jean de Montmorency, mort en 1325; au Val Notre-Dame, c'est la tombe de Pierre le Saunier, maître d'hôtel de Clémence de Hongrie, qui nous montre de l'onciale de 1338; au musée de Cluny, Simon de Gillans de 1349, et sur cette inscription les R et les V sont exactement les nôtres [5]; à Vincennes la « Cloche des Heures » datée de 1359 et exécutée par un praticien célèbre dans l'art de fonderie, Jean Jouvente, nous en fournit également-

1. Douet d'Arcq, *Les sceaux*, t. II, xcv.
2. H. de Viel-Castel, *Statuts de l'ordre du Saint-Esprit*, pl. I, III, etc.
3. Lasteyric, *Histoire de la peinture sur verre*, pl. XXXIX.
4. *Ibid.*, pl. LII. Lasteyrie donne ce vitrail au XVᵉ siècle, c'est un lapsus certain. Il est au plus tôt de 1360 et au plus tard de 1390. C'est un peu encore le saint Georges de Dijon.
5. A propos de cette tombe de Simon de Gillans qu'on peut voir au musée de Cluny nº 342, M. de Guilhermy écrit ces lignes caractéristiques : « Le graveur de l'inscription « a employé cette admirable capitale gothique (onciale) dont l'usage expirait avec la « première moitié du XIVᵉ siècle. Une ligne ajoutée sous les pieds du personnage appar- « tient déjà au style de l'écriture gothique anguleuse qui n'a plus la même beauté, ni la « même netteté. » *Inscriptions de la France*, t. I, p. 595. Et nous sommes en 1349 !

ment. Si nous cherchons dans la Bourgogne, la Franche-Comté ou
le Lyonnais, ce sont d'innombrables exemples. La très belle tombe
du sire d'Argilly, publiée par Taylor, porte une légende de la plus belle
onciale de 1343 ; et il suffira de jeter un coup d'œil sur les monuments recueillis par Gaignières en ces contrées, sur ceux publiés dans
les livres, pour reconnaître le bien-fondé de cette enquête [1]. Après

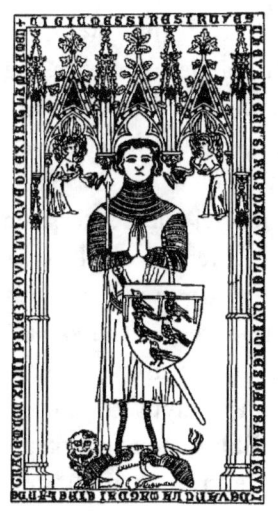

Tombe d'Ithier d'Argilly.
Onciale française de 1343 (Bourgogne).

1380, dans l'Ile-de-France, il reste peu
d'onciales. Un écuyer mort en 1380 et
enterré à la Sainte-Chapelle, Jean Bonnet,
de Troyes, a une inscription en minuscule gothique sur sa pierre tombale.
Étienne Boulard, de Guernante-lès-Lagny,
1397, de même. On sent, dès 1360 et
même avant, un fort courant dans le sens
du gothique; on mêle volontiers les écritures onciale et gothique entre elles;
après 1390, plus un seul exemple d'onciale. Minuscule gothique sur les monuments qui suivent et que tout le monde
peut étudier dans les églises citées par
nous : au curé de Créteil, près de Cha-
renton, dont la tombe sert de marche au
maître-autel; à Jean Payen d'Épinay-sur-

Orge, 1406 ; à Eustache de Neuville, moine de Saint-Denis, en 1407 ;
à Agnès Boulard de Bucy-Saint-Martin, 1412 ; à Marie Boulard,
d'Issigny-en-Brie, 1414 ; à Pierre Germain, de Brie-Comte-Robert,
1419. Je ne mentionne ni les vitraux, ni les pierres tombales pari-
siennes dont aucune ne fait exception. Même le Calvaire de Soisy-

1. Notamment au D[t] des Estampes, Pe 1 m et Pe 4. Il faut citer encore le ms. offert
à la Sainte-Chapelle de Paris par Charles V, sur lequel un graveur en taille-douce a mis
un plat de reliure représentant la pl. 115 du ms. Or s'il copie textuellement le saint Jean
carolingien de ce folio, il écrit le nom des apôtres en onciales de son temps, les onciales
de Charles V, celle des sceaux et des monnaies, ceci avant 1380 (voir ci-devant la fig.
p. 63).

sous-Étiolles donné par Gilles Malet, premier garde des livres de Charles V, qu'on disait être de 1370, mais qui est en réalité de 1410, ne contredirait pas, car l'inscription est en gothique minuscule. Seul le mot INRI sur la croix rappellerait l'onciale, mais de trop loin pour prêter à la confusion.

Voici donc une série de monuments que tout le monde peut contrôler, discuter même, ou sur place, ou d'après les reproductions qu'en ont faites Gaignières, M. de Guilhermy [1] ou Émile Raunié [2]. Il faut savoir avec quel soin jaloux les calligraphes d'abbayes se tenaient au courant du progrès ou des changements dans l'écriture pour comprendre que, d'une province à l'autre, l'écart de date dans l'adoption d'un caractère est à peine sensible. Ce qui se passe à Paris, se passe à Cluny, à Lyon, à Besançon, à Neuchâtel même, terre de langue française, à peu près à la même époque. Je n'ai voulu citer ici que la pièce datée, encore existante, sans littérature ni poésie. Tous les renseignements concordent. Venus de lieux divers, ils tendent à un résultat commun. C'est peut-être faute d'avoir comparé les écritures du XIVe siècle à celles des éditions de l'Apocalypse, qu'on a tellement erré. Conférez le ms. fr. 1950 de la Bibliothèque nationale, l'*Information des Rois* qui est du plein XIVe siècle, avec la minuscule taillée de l'édition de l'Apocalypse, réputée troisième par Sotheby et cinquième par Heinecken, c'est l'identité absolue ; les *p* et les *d* mordent sur la lettre proche de la même façon, les *p* et les *v* ont l'air calqués sur le manuscrit [3]. Dans les éditions ultérieures, — je devrais dire la taille ultérieure des planches — les caractères se feront plus anguleux, plus décadents, plus raides. En sincérité, beaucoup de choses restent à dire sur ces incunables, et je ne crois pas que les étiquetages tentés par Heinecken comptent beaucoup pour les futurs iconographes.

1. De Guilhermy, *Inscriptions de la France*, 5 volumes in-4º de la collection des *Documents inédits*.
2. *Épitaphier de Paris*, trois volumes parus.
3. Il y a aussi de singulières concordances de costumes et d'écritures, entre le ms. de la *Vie de saint Clément* de 1403 et les figures de l'Apocalypse (Bibl. de l'Arsenal, 5227).

IV

J'ai dit, au cours de ce travail, que la présomption tirée du lieu de la découverte ne prendrait pas une importance de tout premier ordre dans la discussion. A mon sens les ambulants de la peinture et de la gravure étaient fort nombreux au moyen âge; ils savaient que, en l'état des esprits, avec la crainte perpétuelle de mort dans laquelle vivaient les gens des campagnes, une image préservatrice trouvait facilement son débit. Je dirai longuement ailleurs, avec preuves, pourquoi ces images se sont moins gardées en France, où elles étaient nées, tandis que les Allemands les ont religieusement sauvées de destruction. C'est que, chez nous, l'image était plus personnelle, qu'on l'appliquait à la décoration des murailles pour se préserver de mort violente ou de peste, qu'on la cousait dans ses habits en manière d'amulette. Plus rares étaient les riches qui la logeaient dans le coffret de mariage [1] ou dans l'armoire. En Allemagne, les couvents dépendant de Cîteaux recevaient les images, apportées du chef d'ordre par les religieux voyageurs; ils les collaient dans les manuscrits de la bibliothèque, non sans les avoir dotées parfois d'une écriture manuscrite, d'une estampille gravée ou d'une mention de propriété quelconque [2]. L'abbaye de Tegernsee, aujourd'hui considérée comme le plus grand centre de la taille de bois dans les

1. M. Jules Protat possède un coffret de mariage du xvᵉ siècle, avec une image bourguignonne de l'*Annonciation*, gravée vers 1480 et fortement enluminée. Cette figure est identique à l'*Annonciation* de Thielman Kerver publiée en 1502, et qui est gravée par Pigouchet; mais elle est de dimensions doubles.

2. Cf. W. Schmidt, *Druckdenkmale*. Plusieurs pièces portent des mentions de possession de Tegernsee. J'expliquerai plus tard ce que valent ces indications.

anciens temps, ne fut en réalité — et ceci je le pourrai démontrer — qu'un réceptacle pieux de la production étrangère. A l'origine, chez nous, ces pièces ne valaient que par la protection attendue de leur mérite, et la destruction en était d'autant plus radicale qu'on les employait aux besoins journaliers.

La grande consommation de ces figures naïves poussa donc les marchands ambulants à courir le pays. Nous avons ci-devant relevé la mention d'un Allemand vendant des peintures au rabais, sur le marché d'Amiens; mais ce que nous ne trouverons pas, ce sont les indications relatives au petit trafic sournois dans les provinces. Je répète, ces hommes étaient en réalité des faussaires au début, et les sanctions pénales visaient, chez nous, ceux qui taillaient des lettres groupées ailleurs que sur les sceaux ou les tombes. En revanche, il y avait cette particularité qu'ils pouvaient très bien tailler les lettres isolées, les *caractères mobiles*[1], et cela dès la fin du XIIIe siècle. Nous apprendrons bien d'autres choses au cours des recherches sur ce point; dans l'instant, nous en sommes à ces colporteurs et à leur pacotille. Pour échapper à tout ennui, les plus anciens d'entre eux évitèrent les caractères sur leurs planches; toutes les gravures tabellaires destinées à l'exportation, et que nous prétendons restituer à la Bourgogne, à la cour d'Avignon, aux chefs d'ordre d'abbayes, Cîteaux, Cluny ou Clairvaux, n'eurent point d'inscriptions à l'origine; lorsqu'on en rencontre, ce sont des mentions à la main, ou des additions ultérieures opérées par encochages ou par estampilles.

Le bois Protat est-il un de ces bois primitifs? Fut-il colporté? Fut-il abandonné par un ambulant, saisi sur un d'eux et demeuré dans la contrée, où il tomba dans des matériaux de démolition utilisés ensuite pour un pavage? Contre l'opinion du colportage, j'invo-

---

1. « Nus molères (mouleur) ne peut moler ne fondre chose là ou il i ait letres, et se il « le fesoit il seroit en la *merci le Roi* de cors et d'avoir, *hors mises letres chascune par li,* « mes en scel ne en deniers ne en chouse qui porte soppeçon ne puent-il moler ne « fondre. » Voilà qui est net. Mouler ou tailler des caractères en nombre équivaut au crime de fausse monnaie, et se punit de même façon. Cependant on peut fondre des caractères mobiles séparés, comme ceux qui servirent à l'épitaphe de Girard de Courlandon.

querai le verso représentant l'*Annonciation*; le fait de n'être qu'ébauché, donne une consistance à la présomption d'une œuvre taillée dans la région, et restée à son lieu d'origine. Il serait peu admissible en effet, que le marchand ambulant remorquât des blocs inachevés. Or, nous l'avons dit déjà, mais il convient de le répéter ici, le fond losangé de la scène devait être orné de quartefeuilles, au moins jusqu'à la hauteur du plancher. Entre les ailes, l'artiste a laissé les losanges en préparation, il n'a point échopé les parties destinées à disparaître. Si l'on veut bien se reporter à la figure, on contrôlera facilement ces remarques. L'hypothèse d'un voyageur abandonnant sa pacotille semble perdre de sa vraisemblance; si je l'ai formulée plusieurs fois, c'est que je ne voulais rien omettre d'essentiel ni même de possible[1].

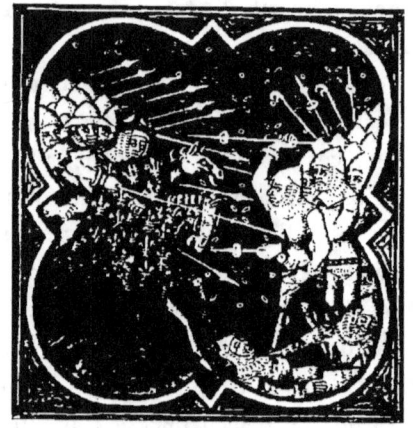

Combattants français de 1380 environ habillés comme ceux du bois Protat, sur un fond de quartefeuilles. (B. N., ms. 2813.)

En réalité le bois Protat, découvert non loin de Sennecey, dans un recoin de bâtisse, n'était venu là que par hasard, et vraisemblablement à la Révolution. La maison où il était enfoui avait participé aux dépouilles d'un riche monastère détruit en 1793.

A quelques kilomètres au plus de Sennecey, sur la rivière de la Grosne se trouvait une abbaye plus célèbre que celle de Saint-Pierre : c'était La Ferté. Or, le monastère de La Ferté avait une origine glorieuse, il était le premier membre, « la première fille » issue de Cîteaux. Dans les dix-huit cents cloîtres cisterciens sortis du même chef d'ordre, il occupait le premier rang par l'âge[2]. Fondé en

1. Voir ci-devant, pp. 52-54.

2. Niepce, *Hist. du canton de Sennecey*, t. II, p. 275 et suivantes. La notice sommaire de M. Niepce vaudrait d'être complétée au moyen de documents d'archives.

1113 pour recevoir ceux des moines de Cîteaux que les bâtiments de l'abbaye ne pouvaient plus contenir, La Ferté s'était vite accrue en puissance et en prospérité. Tandis que Cluny, plus universellement connu, ne relevait que des Papes, La Ferté, comme Cîteaux restait soumise aux évêques de Chalon. Elle différait du chef d'ordre en ce sens, particulièrement intéressant pour nous, que les arts, les lettres y étaient cultivés davantage, Cîteaux se réservant pour l'apostolat et le culte. Il s'ensuivit pour La Ferté une situation spéciale, exposée par M. Niepce dans son *Histoire du canton de Sennecey* [1]. C'était avec Cluny, la grande voisine, un coin d'étude et de vie artistique féconde. Les statues, les verrières, les boiseries ornaient les chapelles et les salles capitulaires.

En 1567, les Huguenots pillèrent la maison ; elle avait reçu autrefois la visite des Compagnies, elle disparaîtra entièrement à la Révolution [2].

Je déplorais la ruine de tant d'objets où peut-être quelque vestige nous eût révélé l'auteur de notre bois gravé, lorsqu'on m'annonça la découverte d'une pierre tombale, provenant de La Ferté et datée du xve siècle ; les fonds losangés en rappellent précisément ceux de l'*Annonciation*, décrite ci-devant, et qui est taillée au revers de la *Crucifixion*. D'ailleurs la démolition de La Ferté a servi étrangement les villages proches. Des murs y sont construits en fragments de statues ; celui qui touche à la chapelle de Lenoux, à Laives, en renferme d'importants spécimens. La cour du château était naguère entièrement pavée d'épaves sculptées ! Or, nous sommes dans la région où le bois avait été glissé en façon de cale sous un carreau de dallage. L'hypothèse du tailleur d'images ambulant s'infirme. Il n'est guère douteux en effet, que lors du transport des matériaux de l'abbaye à

---

1. Niepce, t. II, p. 298. « Les moines se livraient à la copie des livres anciens. » Ceci est un peu vague, car c'était le cas pour la plupart des abbayes cisterciennes. Cluny dut à Pierre le Vénérable une orientation plus formelle dans le sens littéraire et artistique.

2. *Ibid.*, p. 307. M. Niepce dit que l'abbaye vendue comme bien national devint un château, et que les matériaux furent répandus dans les villages de la région.

Laives ou aux environs, dans la dispersion des objets mobiliers, ces bois furent jetés à la ferraille et aux rebuts, puis utilisés au petit bonheur. Étaient-ce là les moules originaux de l'école de Bourgogne,

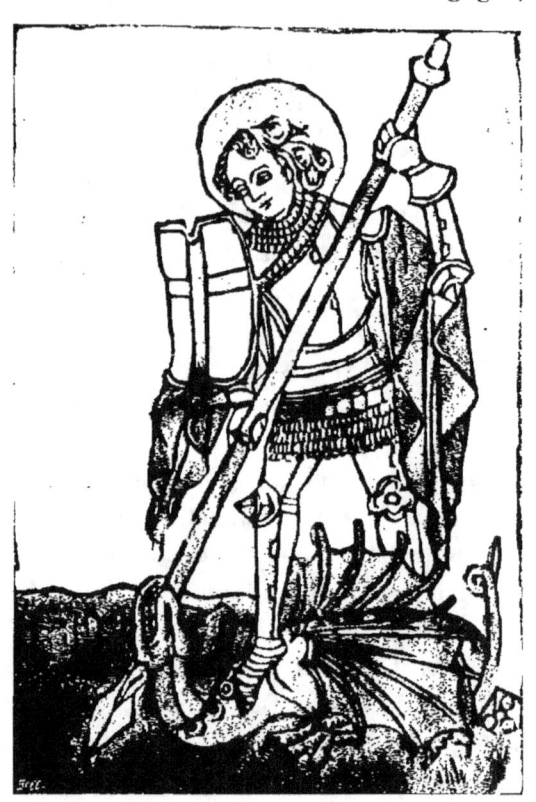

sur lesquels nous avons tant à dire, et que nous retrouvons en épreuves dans toute l'Europe ? Qui sait si l'original aujourd'hui en la possession du vicaire Hoffmann à Aix-la-Chapelle, lui aussi gravé des deux côtés, et qui est si manifestement bourguignon ou lyonnais, n'est pas sorti de ce pillage de 1793 ? Je n'ai pu le déterminer, on ne le saura peut-être jamais, il serait pourtant bien précieux d'établir que cette abbaye de La Ferté, fille de Cîteaux, fut un centre de tailleurs d'images, et contribua

Saint Georges bourguignon. Collection de M. Edmond de Rothschild.
(Comparer à l'ange p. 129.)

à toutes les découvertes nées de cette humble et modeste pratique de la taille sur bois.

En tous cas, nous devons retenir le fait si important de la tombe gravée en fonds losangés comme celui de notre Annonciation; cette. formule de décoration restera, plus d'un siècle, cantonnée dans le voisinage des abbayes mères. Elle a été importée en

Bourgogne par les Flamands[1]. Aujourd'hui la tombe, brisée en plusieurs morceaux, est devenue la propriété du curé de Sennecey; elle représente le curé Jean Gélyot. La chapelle du couvent en renfermait plusieurs autres, dont une de 1380, représentant Jean de Visque, bailli de Chalon, en costume militaire. Au temps où dut être taillé notre bois, Pierre IV de Marcilly est abbé de La Ferté, c'est un personnage considérable, allié aux grandes familles de la Bourgogne. Pierre de Marcilly mourut en 1384 et fut remplacé par Guy de Saint-Romain, lequel fut enterré dans l'abbaye, en 1387. Je laisse aux savants du pays le soin de débrouiller l'écheveau et d'apporter à la thèse leur opinion pour ou contre. Mon siège n'est pas fait, je cherche à m'éclairer. Ce que je crois fermement, c'est que le bois Protat est resté à son lieu de naissance, qu'il s'est inspiré de représentations bourguignonnes, qu'il tient à l'art du pays, qu'il a été taillé sur le lieu même en vue du tirage sur une étoffe comme est celle de M. d'Odet à Saint-Maurice d'Agaune[2].

1. Voir ci-devant la fig., p. 86.
2. Voir ci-devant, p. 68. Je suis même convaincu en ce moment que La Ferté fut une fabrique de *pailes* d'autel pour les abbayes cisterciennes d'Europe ; le nombre de bois aperçus sous le dallage et détruits semblent confirmer cette opinion. A cette époque il était d'usage de tendre des étoffes partout lors des cérémonies et des processions, et comme toutes les églises ne pouvaient posséder des tapisseries de haute lisse, on se rabattait modestement sur ces tentures de prix abordable.
Une chose même paraît infiniment probable, c'est que les *moules*, les bois destinés à ces travaux spéciaux qui comprenaient la décoration des *pailes*, des bannières, des orfrois de chasubles, qui servaient également à peindre des tableaux d'église dans le genre du *Parement de Narbonne*, aujourd'hui au Louvre, pouvaient en certains cas s'employer à la production d'images sur papier. Je ne serais pas étonné qu'originairement les formes fussent seulement destinées aux étoffes, et que, au fur et à mesure de l'apparition des papiers de chiffe, on se fût avisé d'en fabriquer des estampes coloriées. C'est là que nous devons chercher la transition naturelle de l'une des opérations à l'autre. Il est fort certain que des figures assez petites s'employaient dans les *orfrois*, et que ces figures, séparées, pouvaient constituer une imagerie très sortable. Toutes ces considérations seront développées ailleurs avec rapprochements à l'appui, elles éclaireront, je l'espère, le chaos solennel des origines, elles permettront de restituer à la Bourgogne et à la Provence quantité d'estampes incunables dont on avait un peu légèrement doté les légendaires « incisores lignorum » d'Ulm ou d'Augsbourg. En tous cas, il nous reste des spécimens d'étoffe ainsi décorées, il y en a même d'assez anciennes pour que les contemporains des graveurs de l'abbaye de Vauclerc aient pu en ouvrer les planches (Passavant, I, p. 126, note 9).

Nous avons parlé de Laives; on y voit une ancienne chapelle sous le vocable de saint Martin, devenue paroisse [1]. Dès 1275, l'église et le village sont mentionnés comme fief de l'abbaye de Saint-Pierre de Chalon. En 1553 l'église est assez délabrée pour nécessiter une réfection partielle et les travaux que la restauration exigea ont été consignés dans un procès-verbal.

Lors des démolitions rendues nécessaires par ces travaux de 1553, on mit à jour des traces de peintures à la voûte. Le desservant d'alors fit enlever le badigeon couvrant les figures, et il se trouva en présence d'*une scène de la Passion*, avec la date de 1302, et un nom qu'on ne put lire. M. Niepce, à qui nous empruntons ces documents, dit les avoir pris aux Archives de Mâcon, mais il ne fournit pas le texte littéral, et il ne donne point la cote exacte de la pièce. Dans son livre publié en 1877, il réclame instamment la restauration de la chapelle, alors à peu près ruinée, et dont la disparition est affaire de quelques années, si on n'y remédie.

Il faut donc nous contenter de ces renseignements, tels qu'ils nous sont donnés; ils nous apportent une indication précieuse, celle d'une peinture du XIVᵉ siècle, à la voûte de la chapelle Saint-Martin, représentant une scène de la Passion. J'ai tout lieu de croire que la date 1302 a été mal lue, bien que MCCCII, comme on écrivait alors, soit beaucoup plus éloigné de MCCCLXII que non pas 1302 de 1362 [2]. Quant au nom qu'on n'a pas su lire, était-il un nom d'artiste? je ne le puis admettre, étant donné les usages. Était-il celui d'un des personnages représentés, *Longin* par exemple? N'était-ce pas un fragment de l'inscription du phylactère, partant de la main du centurion? En un mot la peinture en question n'était-elle pas tout bonnement l'original d'après lequel notre bois aurait été dessiné et taillé? Cette peinture *avait un fond d'étoiles d'or* [3] qui nous ramènerait plutôt en 1360

1. Niepce, II, 153, 156-57 et passim.

2. Ne serait-ce pas MCCCLI? Le bas de la lettre L aurait pu être effacé. Cela donnerait 1351, beaucoup plus vraisemblable.

3. Ces fonds en étoiles étaient fort en faveur chez les peintres avignonnais de la Cour Pontificale comme je le dirai ailleurs.

qu'en 1300, et qui nous laisserait penser, que, dans un autre coin de l'église, aurait pu exister une *Annonciation* à fond de fleurettes comme celle du verso de notre bois.

Pour ces hypothèses, autorisées par la découverte de l'objet dans la contrée voisine de La Ferté, nous nous contenterons de vraisemblances sans chercher mieux. Il ne serait point improbable qu'un moine, venu de l'abbaye mère, ou de La Ferté, et connaissant certains secrets de taille sur bois, eût amusé ses loisirs à ce jeu innocent. Nous savons que ceux de l'abbaye de Vauclerc en Picardie pratiquaient la taille sur bois près de deux siècles avant. Et nous sommes à quelques lieues de l'abbaye de Cluny, le plus grand centre intellectuel du monde alors, où tous les arts sont couramment pratiqués, où l'on fait du papier, du parchemin, où probablement on sculpte, en tous cas où l'on dessine et où l'on peint. Nous savons d'ailleurs le pays de Sennecey, voisin de La Ferté, pourvu de gens bien capables de tailler une planche de bois, eux qui savent si adroitement imiter les testons à l'effigie du roi de France. M. Niepce a découvert, en effet, dans les anciennes archives de la Chambre des comptes de Dijon, que des clercs tonsurés de Sennecey ont commis le crime de fausse-monnaie à Cluny, qu'ils ont été décapités, et que leur tête a été fichée sur une pique de fer, à la vue des passants [1]. Le lieu n'était donc point si dénué de mains habiles, qui se trouvait à peu de distance de quatre pépinières de moines : La Ferté-sur-Grosne, très voisine, Saint-Pierre de Chalon, Tournus et Cluny surtout.

Une chose frappe dans l'incident, si menu pour le moyen âge, de faux-monnayeurs opérant dans la région, c'est la vraisemblance, la possibilité d'une fraude tentée par les mêmes individus, ou d'autres de pareille espèce, en vue de la contrefaçon des tableaux peints. C'est une chose rare et précieuse qu'un tableau alors, qu'une image portative ; on voit, dans une peinture que nous a conservée Gaignières, le duc Eudes de Bourgogne, en compagnie du roi Jean le Bon, offrir au

1. Niepce, *Histoire de Sennecey*, édit. de 1866, Chalon-sur-Saône, in-8°.

pape Clément VI à Avignon, un diptyque représentant la Vierge et Jésus [1]. Toutes les églises n'ont pas de ces objets chers, bien faits pour tenter les fraudeurs. J'ai trop appuyé ci-devant sur la question de tricherie et de contrebande, à ce propos, pour avoir besoin d'y revenir longuement. Mais il ne paraîtrait pas impossible que des falsificateurs, profitant du désarroi de l'heure, de l'absence de police, loin d'ailleurs de centres artistiques comme Paris ou Lyon, Dijon même, où leurs confrères syndiqués les eussent sévèrement poursuivis, eussent préparé, à Sennecey ou dans le voisinage, d'après les éléments

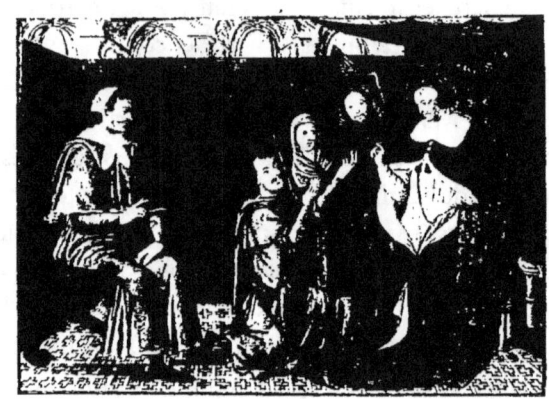

Peinture de la Sainte-Chapelle montrant le roi Jean et le duc de Bourgogne devant le pape Clément VI. (B. N., Est. Oa 11, fol. 85.)

graphiques en leur possession, une pacotille de bois gravés destinés à une production clandestine.

Que peuvent être les clercs tonsurés, dont les archives de Dijon nous ont révélé les crimes spéciaux ? sont-ils des artisans d'un ordre relevé, employés en qualité de maîtres-d'œuvre ou d'architectes, de sculpteurs ou de peintres, et qui avaient pris leurs grades ès arts dans une Université ? A l'époque où le bois Protat fut gravé, Sennecey comme tout le pays avoisinant, et un peu toute la Bourgogne, avait

1. *Catalogue Roger de Gaignières*, n° 302. Lorsque j'avais dressé le catalogue, j'avais pensé que le personnage à genoux devant le pape était le peintre auteur du tableau. Gaignières ne fournissait à ce sujet aucun renseignement ; mon collègue et excellent ami M. Petit, conseiller général de l'Yonne, a démontré que ce personnage était Eudes IV, duc de Bourgogne, et il a publié le journal de voyage du roi et du duc à Avignon en 1342, pour l'avènement de Clément VI. La peinture en question était sur les murs de la Sainte-Chapelle de Paris. Elle avait dû être exécutée avant la mort du roi, au retour de son voyage en 1343-44, probablement par son peintre Jean Coste.

subi le passage et le séjour des Grandes Compagnies, et en avait prodigieusement souffert. Les abbayes voisines avaient longtemps retenu les routiers, à cause de leurs caves, de leurs ressources en ravitaillement, et des richesses qu'on y savait accumulées [1]. Après cette alerte de quatre ou cinq ans, les seigneurs de Sennecey, comme leurs voisins les abbés de La Ferté, de Cluny, de Tournus ou de Saint-Pierre, avaient eu à relever beaucoup de ruines, à accomplir de nombreuses promesses faites aux saints. Un seigneur, Jean de Sennecey ajoute à son château une nouvelle chapelle dans l'année 1377. Les Le Galois d'Arlay, les Vuillafans, leurs alliés, tenant le château de la Tour dans la paroisse, ont sans doute à réparer aussi et à édifier. Partout on bâtit, on sculpte et on peint à Sennecey. L'église du bourg de Saint-Julien, qui servait d'église paroissiale, fut dotée d'un nouveau chœur dans le XIVe siècle; il y a apparence que cet accroissement fut apporté après le passage des Compagnies. On plaça aux fenêtres des verrières peintes, qui s'y voyaient encore avant 1793; quant aux murs, si l'on en croit M. Niepce [2], ils furent décorés de peintures à fresque, probablement de la même origine artistique que ceux de Saint-Martin de Laives; ces peintures représentaient des anges, *dessinés au trait*, et dont les draperies étaient « assez habilement jetées ». Puis la famille de Vuillafans construisit, dans la même église de Saint-Julien, une chapelle portant son nom, qui, elle aussi, fut décorée de peintures à fresque. Tous les vieux sires de Sennecey du XIVe siècle furent exhumés à la fin du XVe, et réunis dans une chapelle dite de Ruffey, construite à Saint-Julien par les soins de Claude de Lugny. Vers le milieu du XIXe siècle, un sieur Charpy, maire de Sennecey, laissa profaner ces tombes, les belles verrières

---

1. Consulter Aimé Chérest, l'*Archiprêtre*, passim, et Denifle, *La Désolation des églises en France pendant la guerre de cent ans*, t. II, première moitié, 1899, in-8°. Ces deux ouvrages sont remplis de faits pris aux sources originales, qui font un tableau épouvantable des tortures infligées aux habitants par ces guerres continuelles, et le séjour des routiers. Mais c'est encore Siméon Luce, *Duguesclin*, pp. 315-342, qui a le mieux décrit les compagnies et leurs déprédations.

2. Niepce, *Histoire de Sennecey*, édit. de 1866.

furent brisées à coups de pierre, et des enfants furent aperçus, dans le village, jouant avec les hauberts de maille des seigneurs de Sennecey contemporains de notre bois.

J'imaginerais donc assez volontiers que tous ces travaux concurrents, répartis sur une période de dix ou quinze ans à peine, eussent amené à Sennecey et dans la contrée les spécialistes tailleurs d'images pour empreinture, et les peintres à fresque, laïques ou clercs. Si les faux-monnayeurs de Cluny appartenaient à la paroisse de Sennecey, ils étaient à peu près sûrement de ces ambulants, parfaitement capables de dessiner, de graver, et même de voler, comme plus tard leur confrère Villon [1].

Il semble non moins probable que la *Crucifixion*, destinée à une toile peinte par ceux-là qui la taillèrent, n'était pas une œuvre originale, mais un emprunt adroit et peut-être mis à la mode du jour, fait à quelque peinture murale des environs; aussi est-il curieux d'apprendre que précisément une représentation de ce genre décorait la chapelle Saint-Martin de Laives, dans le canton où fut trouvé notre bois. Nous n'oserions en dire plus à cause de la date 1302 qui est pour nous un peu gênante, mais ce que nous pouvons affirmer, c'est que le bois ne fut pas taillé dans le xve ou le xvie siècle d'après cette

1. Gaston Paris, *François Villon*, in-8°. Ce livre montre de quoi étaient capables les étudiants de l'université au xve siècle. On le lira avec fruit et très grand plaisir :

Necessité fait gens mesprendre,
Et fait saillir le loup du bois (p. 9).

M. Gaston Paris écrit à propos des clercs de l'Université : « D'autres n'arrivaient pas « jusqu'à la prêtrise, et n'ayant reçu que les ordres mineurs (qui leur permettaient le « mariage) trouvaient, dans leur connaissance de l'écriture et du latin, un gagne-pain plus « ou moins précaire, se faisant copistes, libraires, clercs de notaires ou de procureurs, « *bedeaux*, messagers, sergents de justice, etc. D'autres enfin ne tiraient même pas de leurs « études négligées des ressources suffisantes pour vivre ; livrés à la paresse, à la débauche, « ils devenaient très vite des déclassés ; le mot est nouveau, mais la chose est ancienne, « et cette plaie des sociétés modernes était peut-être plus vive et plus envenimée au « xve siècle que de nos jours. N'ayant gardé de leur instruction qu'un certain raffinement « d'esprit, ils devenaient d'abord des parasites et puis des escrocs, des *faux-monnayeurs*, et « finalement de vrais cambrioleurs ou des voleurs de grand chemin..... pipeurs aux dés, « *tailleurs de faux coins (François Villon*, Hachette, 1901, p. 25). »

peinture. Le graveur qui est naïf, mais tort adroit, n'eût pas manqué alors de tout rajeunir ; il eût mis des poulaines à ses hommes [1], remplacé l'onciale par de la gothique minuscule, et surtout *il eût taillé des ombres portées,* comme on en voit à celui de Berlin reproduit ci-dessus [2]. *Ne pas mettre d'ombres portées en 1440 par exemple,* alors que les yeux s'en étaient fait une nécessité graphique, *eût été la pire sottise de la part d'un praticien cherchant à composer une œuvre de vente.*

Si la représentation originale était dans la contrée, si, comme tout nous porte à le supposer, elle avait été composée et peinte sur une muraille aux environs de 1360-70, elle dut l'être après 1366, après le séjour des routiers dans la région et les abominations des guerres. Le peintre n'aura pas manqué alors de mettre, au rang des bourreaux du Christ, les bandits armés aperçus dans la campagne pendant de longs mois. Nous avons parlé de l'abbaye de La Ferté-sur-Grosne, les routiers y campent en nombre le 26 avril 1362, après leur victoire de Brignais [3]. Dans ces temps singuliers, le routier est redouté et honni, mais on lui fait volontiers une légende de force, de courage et d'habileté. C'est Mandrin, c'est Cartouche, c'est-à-dire un héros détestable, mais fort admiré, cet Arnaud de Cervole, dit l'Archiprêtre [4], qui a commandé les Compagnons et a sur eux le plus grand empire. Il est un des capitaines condottieri, qui, d'après le passage de Froissart cité par Quicherat, *s'approprient les plumes d'autruche pour les coudre à leur*

1. Niepce rapporte que la chapelle de Ruffey peinte au xve siècle avait sur ses murs les figures de saint Joachim, de sainte Anne et de la Vierge, avec des « souliers à la poulaine ». Nul doute que le graveur du xve siècle n'en eût affublé ses hommes d'armes.

2. Voir ci-devant p. 38. En ce qui concerne les tailles d'ombre, chercher aux pages 64 et 65 la confirmation matérielle de ce que nous disons ici, dans les figures de l'*Oraison dominicale* exécutées à 25 années de distance l'une de l'autre ; la première n'a pas d'ombres portées, la seconde en a, et cette dernière est manifestement copiée sur l'autre.

3. Aimé Chérest, l'*Archiprêtre,* p. 189. Il cite une pièce des Archives de la Côte-d'Or, B. 1412, fol. 53 1°.

4. Le P. Denifle démontre que le nom d'Archiprêtre était un titre, mais que cet homme avait été *clerc, curé* et *bandit,* qu'il avait eu l'archiprêtré de Velines au diocèse de Périgueux, cela dès 1347. Si on lui donne 30 ans à cette date, il a, en 1366, au moment de sa mort, environ 50 ans. Il n'est plus archiprêtre dès 1353, par sentence de l'évêque de Périgueux. Denifle, t. II, 1899, p. 191.

chapeau de castor [1]. Entre les années 1362 et 1366 pendant lesquelles l'Archiprêtre tiendra le parti du duc de Bourgogne, il promènera ses routiers à sa fantaisie dans toute la région de l'Est, contre les Comtois confédérés d'abord ; il menacera Besançon [2], il ira en Alsace, en Lorraine, partout. Les populations épouvantées, mais domptées par sa maîtrise extraordinaire, lui façonnent, dans leurs récits, une légende romanesque, comparable à la *Chanson de Roland* ou au Cycle de la *Table ronde* [3]. Il devient l'être fabuleux, un peu apocalyptique, qui ira tourmenter même les Allemands paisibles, tel ce vieux moine qui parle de lui avec effroi [4]. Au nombre de ses adversaires Comtois il aura eu cet homme, presqu'aussi extraordinaire que lui-même, Jean de Neuchâtel, dit le Beau, qui s'ira faire prendre au combat de Pontailler-sur-Saône par La Trémoïlle, et qui finira ses jours

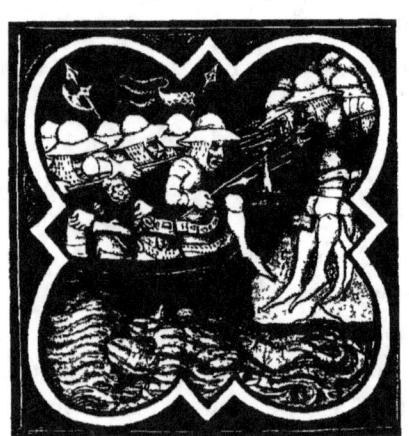

Combattants parisiens de 1380 environ, avec les poulaines, déjà à la mode à Paris.
(B. N., ms. 2813.)

en 1369, dans les prisons du duc Philippe, à Semur-en-Auxois. Jean de Neuchâtel est le premier fils de Louis, comte de Neuchâtel, dont nous avons parlé déjà, et de Jeanne de Montfaucon, de pure race comtoise ; il est frère d'Isabelle qui lui succédera dans la comté de Neuchâtel et la seigneurie de Vuillafans, et qui a épousé le comte de Nidau. Jean de Neuchâtel a entraîné à sa suite, contre les Bourgui-

1. Voir ci-devant, p. 84.
2. Matile, *Documents*, II, p. 857. Henri, comte de Montbéliard, sire de Montfaucon, Étienne de Montbéliard, sire de Cicon, Jean de Neuchâtel, sire de Vuillafans-le-Neuf et de Vercel, Jean de Montfaucon, sire de Vuillafans-le-Vieux, prennent engagement de défendre Besançon contre *Huaut* (sic) de Cervole, le duc de Touraine et leurs complices.
3. Siméon Luce, *Duguesclin*, I, 166.
4. *Chronicon Hirsaugiense*, II, 266, citée par Chérest.

gnons, nombre de lances neuchâteloises qui, après la déroute de Pontailler, sont venues grossir les rangs des routiers de l'Archiprêtre, y
ont pu apporter leur vouge suisse et leur bacinet pointu. Là ces intrus
se mêlent aux Bretons des bandes, aux Navarrais, aux Français, à
cette tourbe de gens hors la loi qui forment le noyau des merce-

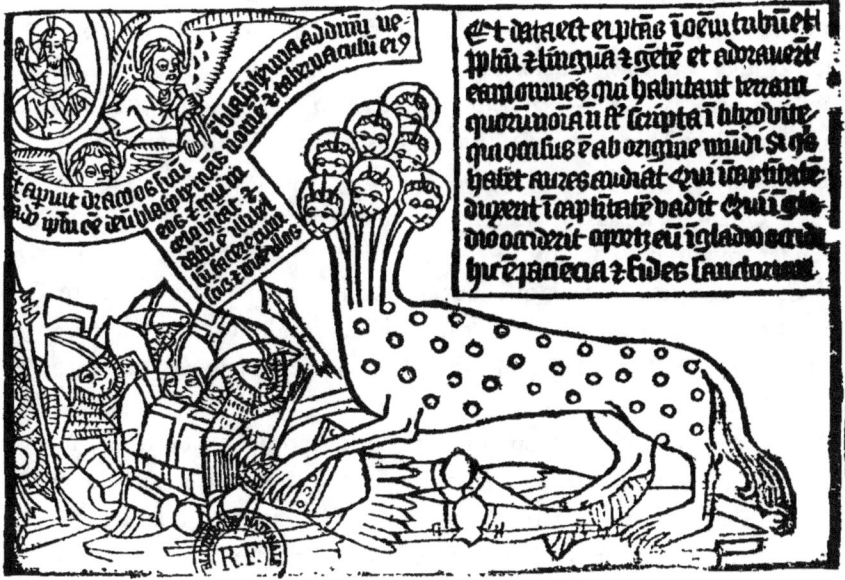

Apocalypse, 1ʳᵉ-3ᵉ édit. Les soldats identiques à ceux du bois Protat
Types de « Compagnons » du XIVᵉ siècle.

naires. Les Français y sont peut-être les archers à chapeau de fer
dont l'arête faîtière est aiguë, et dont les bords tombent sur la nuque.
Un jour que, sur de vagues projets de croisade, l'Archiprêtre assagi,
devenu grand seigneur par son mariage avec Jeanne de Châteauvilain [1], imploré par les Bourguignons de déloger ses routiers, les vou-
dra entraîner à travers le monde, il s'en viendra les quérir aux environs de Tournus, dans la région d'entre Chalon et Mâcon, non loin

1. Il épouse Jeanne de Châteauvilain, dame de Thil en 1362, et le duc de Bourgogne
le traite désormais comme un grand feudataire.

de Sennecey. où ils « s'égayent ». Mais ces hommes sont trop heureux de leur vie de cocagne pour risquer des aventures lointaines ; la parole de l'Archiprêtre, riche seigneur terrien, ne les entraîne plus. Lui, se croit toujours sur eux l'influence passée, il parle si durement, que, dans une discussion, le 29 mai 1366, à quelques lieues de Sennecey, « si fu ochis, dit Froissart, par guerre d'amis et de hayne..., assés près la cité de Mascon [1] ». M. Chérest, l'historien de Cervole, ayant trouvé dans le *Thalamus parvus* cette mention « il fu tué a Glazi par un cavalier de sa route, entre Lyon et Mascon » identifie Glazi par Gleizé près de Villefranche-sur-Saône [2]. M. Antoine Thomas a montré que *Glazi* c'est *gladius* et que *à glazi* signifie *par le glaive* [3]. Quant à l'assassin, il demeura inconnu ; les routiers s'étant débandés revinrent à Cluny où la provende était bonne, et où les moines les reçurent si mal, que leur abbé dut réclamer, dans la suite, absolution plénière au pape, à cause de la conduite, un peu trop militaire, que les frères et sœurs de l'ordre avaient tenue en face des Compagnies [4].

Toutes ces coïncidences singulières, ces concordances de dates, de faits précis, venus de sources et d'enquêtes si diverses, jointes à la précision des costumes retrouvés sur les personnages du bois Protat, écrivent en vérité beaucoup de probabilités [5]. Non que la raison froide

1. Froissart. Édit. Kervyn de Lettenhove, VIII, p. 250.
2. *Thalamus parvus.* Montpellier, 1840, p. 272.
3. *Annales du Midi*, 1891, p. 256.
4. Denifle, *La Désolation*, t. II, p. 313.
5. Peut-être n'est-il pas inutile de faire remarquer la grande analogie d'attitude, de costume, et d'*intentions* cherchées par l'artiste, entre le centurion du bois Protat et l'Antéchrist de l'Apocalypse, première édition. En dehors des autres concordances si souvent remarquées, celle-ci est très appréciable. Il n'y a de l'un à l'autre qu'une date un peu différente en faveur du bois Protat. L'Antéchrist a le chapeau de feutre mou qui, en s'écrasant, devait produire les replis du nôtre, il a une grande épée, la barbe ; toutefois, il n'a pas le harnois militaire ; sa ceinture de chevalerie est aux hanches. Voir dans l'Apocalypse (5ᵉ édition de Heinecken, 1ʳᵉ-3ᵉ de Sotheby), mort d'Helias (Elie) et d'Enoch ; ci-devant, p. 87. Au sujet des apocalypses, consulter le récent et définitif ouvrage de M. Léopold Delisle, *Mémoire sur les figures de l'Apocalypse* (Le Puy, Marchessou, 1901). M. Léopold Delisle a apporté un ordre scientifique dans la classification des manuscrits. Voir aussi p. 9, ci-devant.

consente à voir dans tout ceci des preuves irréfutables et absolues; on sait trop combien il se faut défier, en pareil cas, d'apparences séduisantes. Toutefois n'est-il pas un peu en dehors de la banalité que la découverte de ce bois gravé se soit produite à peu près dans l'endroit où fut assassiné l'Archiprêtre, et que ce même bois expose des soldats dont la tenue se puisse aussi curieusement rapprocher des harnois bâtards et cosmopolites des routiers d'Arnaud de Cervole? C'est pourquoi j'avais pris soin tout à l'heure de comparer, à la tenue d'un de nos hommes, l'armement de bataille des sires de Neuchâtel. Je ne chercherai pas à mettre en regard des boutons de notre centurion, la bordure besantée retrouvée aux armoiries du sceau d'Arnaud de Cervole [1]. Ceci n'est qu'un indice; mais la plume au bonnet était un fait plus notable, dont nous devions faire état.

L'intérêt d'actualité pris par les contemporains à la représentation de semblables histoires était beaucoup plus puissant que nous ne pouvons imaginer. Il est certain que l'artiste peignant et montrant les routiers assistant à la mort du Christ, portraiturant ces capitaines des bandes, sur le vif, comme on disait, ne pouvait que prodigieusement émouvoir les spectateurs, témoins oculaires de leurs infamies. Rappelons-nous l'intérêt soulevé chez nous, en 1871 et 1872, par les toiles d'Alphonse de Neuville ou d'Édouard Detaille. Chez les naïfs Bourguignons du xive siècle, les sentiments s'exaspéraient de la proximité des événements, de cinq ans de misères, de ruines épouvantables et de deuils. Lorsque fut taillé notre bois, il n'y avait pas beaucoup plus de deux ou trois années écoulées depuis les catastrophes. La présence d'un vougier jurassien, du Comtois abominé, ne pouvait que raviver la vieille haine de ceux du « reaume » contre ceux d'Empire. Il se devait qu'un tenant du Neuchâtel abhorré parût là, qu'il prît sa part de mépris avec ses compagnons. Que nous eût révélé le tableau

---

1. Douet d'Arcq, *Les sceaux*, I, p. 517. La lettre de ce sceau est en admirable onciale, comme notre inscription. C'était d'ailleurs celle de la plupart des sceaux français à cette époque; celui d'Arnaud de Cervole est d'avant 1357.

complet ? Qui eût été le mauvais larron dont le diable emportait
l'âme ? Qui Longin ? Qui les Juifs entourant la croix ?

Qu'on ne s'étonne point de la perfection relative du travail dans
la pratique de notre bois. J'ai suffisamment indiqué pourquoi son
auteur ne pouvait être un débutant dans la partie. Il y a au Nord cette
cour des ducs de Bourgogne où les imagiers sont venus de tous les
pays d'Europe, des Flandres surtout, où l'on rencontre les Bourguignons aussi, Jacques Nainot, Berthelot Héliot, Jean Midey de Fleury,
Jean de Rigny, un des aides de Claux Sluter à la Chartreuse de Dijon [1].
Et il y a ce Jacques de Baezre qui taillera si expertement le retable de
Champmol et la statuette du saint Georges ; Belin de Dijon, qui enlu-
mine les Heures de Marguerite de Flandre en 1373, Jean de Beaumetz,
un parisien, qui peindra les murs de la chapelle d'Argilly, Jean Gentil-
homme, Perrot Oriot de Dijon, Arnoul Picornet, Pierre Huré, graveur
de sceaux [2], plus un certain Jean Baudet, charpentier, dont j'aurai
beaucoup à parler en un autre lieu. Et Lyon n'est pas fort loin; or,
si les futurs graveurs en taille de bois de 1444 ne sont pas nommés
encore dans les comptes [3], c'est que vraisemblablement ils se
confondent avec les tailleurs d'images. L'artiste qui a gravé la
Vierge debout du cabinet des Estampes [4] est sûrement lyonnais ou
de la région, c'est l'ancêtre des grands maîtres graveurs de là-bas au
xve et au xvie siècles. Je ne parle même pas de Cluny, où l'on
voyait un retable d'environ 1350-70, qui nous montre un peu
partout, dans ses figures taillées, nos hommes, leurs cheveux, leur
barbe, leur épée, leurs boutons, œuvre d'un maître, peut-être un des
moines, mais plutôt un homme de métier, clerc ou laïque mandé à
Cluny par le Père abbé. Je ne parle point non plus de Saint-Claude

---

1. De Laborde, *Les ducs de Bourgogne*, I, p. 529.
2. *Ibid.* Voir aussi Demay, *Les costumes au Moyen Age d'après les sceaux*. Paris, 1880,
in-4°.
3. Natalis Rondot, *Les Graveurs sur bois et les imprimeurs à Lyon au* xve *siècle*, 1896,
in-8°, p. 10-13.
4. *Catalogue de la Réserve*, n° 360. Voir ce que nous en disons ci-devant, pp. 13-14.

du Jura, Saint-Oyan comme on disait alors, et nous dirons dans un autre ouvrage pourquoi Saint-Claude.

Le fait d'images clouées au mur, enfumées par le temps, très anciennes par conséquent, est si bien constant au milieu du xve siècle en Bourgogne, que nous voyons la littérature du temps les mentionner dans les œuvres d'imagination. M. Claudin, le savant auteur de l'*Histoire de l'Imprimerie,* nous a signalé le *Doctrinal de la Court,* écrit et composé après 1450 par Pierre Michault, secrétaire de Charles le Téméraire. Le livre est dédié à Philippe duc de Bourgogne, par son auteur, c'est dire que les éléments philosophiques et documentaires de l'ouvrage sont pris dans la vie journalière de la Cour de Bourgogne [1]. Pierre Michault imagine, dans son récit, une visite à la Vertu, qui lui fait parcourir son école. Il entre en une salle toute ronde où l'on aperçoit quatre chaires touchant aux murs, enchaînées l'une à l'autre et formant un quadrangle. « En chascune chaière seoit une « dame, dit Michault, mais toutes sembloient estre endormies. L'es- « colle estoit toute pleine de poulciere et les bancs d'icelle mangiez « de vers, et le hault planchier (le plafond), plein d'araignes, ainsi « que en lieu inhabité. Je m'approchay de la première chaière qui « estoit au fenestre, lez de la porte, et y viz *aucunes histoires entaillées et* « *gravées.* Mais elles estoient si anciennes que rien n'y avait d'entier... « etc. »

Les *histoires* dont parle Michault, et qui représentent Trajan « vengeant la femme de la mort de son fils » sont en réalité des sculptures en bois. Mais Pierre Michault continue son voyage autour de la chambre. En une autre chaire, c'est la Prudence qui dort, sur de vieilles broderies trouées, en soie bleue, représentant la vie de Salomon et celle de Cyrus.

A la chaire de Sapience, c'est-à-dire de la sagesse, il voit plusieurs « *ymaiges tout enfumées par la vieillesse,* et pource qu'il ne pouvoient

---

1. Le livre de Pierre Michault imprimé avec figures est à la Bibl. Nationale. Réserve des Imprimés Ye 90.

« estre aperceus qu'à grand peine, je ne me efforcay poinct de le
« congnoistre, sinon qu'ils estoient comme hermites et philosophes ».

Il est certain que l'auteur veut ici parler d'images sur papier; dans
l'hypothèse d'une sculpture sur bois, la patine du temps n'eût point
empêché de voir les figures. Or, même en ces époques de cheminées
fumeuses, un papier à la forme ne se noircissait pas en peu d'années [1].
Il a donc vu de ces pièces ailleurs et il en parle d'après ce qu'il a vu.
Ceci nous ferait retourner assez loin en arrière, peut-être même jusqu'au XIVᵉ siècle. Le curieux c'est que la Force, visitée par Michault en
dernier lieu, a sur sa chaire des histoires gravées représentant Ulysse
et Hercule, et « aultres assis, dont l'ung fendoit la gueule d'un
lyon ». Une suite de figures dans un alphabet bourguignon de 1464,
conservé aujourd'hui au British Museum [2], montre, à la lettre C,
un Samson déchirant la gueule d'un lion. Ne serait-ce point l'estampe
visée par Michault, ou tout au moins n'aurait-il pas en vue quelque
almanach plus ancien, mais semblable, dont celui de 1464 serait la
copie? Je cite ces renseignements pour ce qu'ils valent, c'est-à-dire
comme un faible apport à cette histoire si peu connue de la taille sur
bois. Mais après ce qui précède, après tant de faits contrôlés, classés,
je souhaiterais qu'on n'écrivît plus aussi sûrement que la gravure sur
bois « paraît avoir été exercée d'abord en Allemagne, et peu de
« temps après dans les Pays-Bas [3] ». Les principales affirmations
sur ce point sont établies sur des filigranes de papier [4], des tirages,
ou des coloriages dont la valeur de temps et de lieu est essentielle-

---

1. On objectera que ces images pourraient être des peintures sur bois ou des miniatures. Pourquoi n'eussent-elles point été des bois contemporains du saint Christophe de
1423 ? Il est certain que celui-là ne fut pas taillé tout seul à cette date. Je ne donne
d'ailleurs le passage de Pierre Michault qu'à titre de curiosité, sans prétendre en tirer
rien, ni pour, ni contre, ma thèse, mais une image de saint Claude aujourd'hui au cabinet
des Estampes, Ea 17, est faite pour autoriser les suppositions.

2. E. Dutuit, *Manuel*, I, p. 266.

3. Natalis Rondot, *Les Graveurs et les Imprimeurs à Lyon*, p. 7.

4. On cite en effet le papier à la tête de bœuf comme allemand ; or, on a fabriqué de
ce papier partout, mais surtout en Provence, à Avignon, en Dauphiné. Je discuterai ces
questions plus à fond dans le livre sur les *Deux cents Incunables du cabinet des Estampes*.

ment caduque. Par grand malheur, les blocs, les *moules* sur lesquels ces pièces ont été imprimées, sont détruits, ou ont disparu ; nous serions donc condamnés aux hypothèses éternelles, basées sur des données extrinsèques, si nous n'avions par hasard l'écriture, le trait, les costumes pour nous venir en aide, et remplacer ce qui eût parlé mieux encore, le moule original.

Suivant les vraisemblances les plus autorisées, ce sont les moines, suivis par les artistes de la Cour des ducs de Bourgogne, qui commencèrent le mouvement. L'Apocalypse de la 1re édition est vraisemblablement œuvre de la Flandre bourguignonne, notre bois est bourguignon ; les estampilleurs des abbayes, et nommément ceux de Vauclerc avaient été dans le vieux temps les initiateurs. Quant aux lettres d'Einsielden, nous les croyons des patrons, jusqu'à plus ample informé. Par les Flandres, Cologne reçut la bonne parole, et par la Bourgogne, l'Alsace et la Suisse, ce fut le tour de l'Allemagne ; de proche en proche l'invention s'étendit avec d'autant plus de facilité que les graveurs allemands des sceaux, les tombiers, les sculpteurs employèrent, à la propagation du procédé, leur pratique spéciale. Si les Allemands ont conservé plus de reliques dans ce sens, c'est que leurs gens de métier avaient moins de dureté contre les délinquants. Et c'était être délinquant, même chez eux, que de parodier par la gravure la miniature et les manuscrits ; la peur manifestée par Gutenberg dans le milieu du XVe siècle en est la preuve ; s'il se cachait, se nommait un « spiegelmacher », c'est qu'il redoutait, pour son invention illicite, l'ingérence policière des maîtres de la confrérie des écrivains.

N'oublions pas, et ceci n'a point été dit, que la grande période d'art graphique commence, pour l'Allemagne, en 1477, lorsque Marguerite de Bourgogne, fille du Téméraire, s'en va là-bas.

En résumé :

La gravure sur bois, embryonnairement contenue dans la pratique spéciale des tombiers, des graveurs de sceaux, s'exprime dès le XIIIe siècle par des estampilles taillées sur bois ou sur métal.

Les patrons employés dès le IXe siècle furent une première tentative.

Au XIVe siècle, on tailla sur bois, en relief et *à l'envers*, des poncifs plus compliqués destinés à la production clandestine de livres, de fausses miniatures ou de fausses peintures.

Comme il s'agissait avant tout de parodier, on s'ingénia à graver

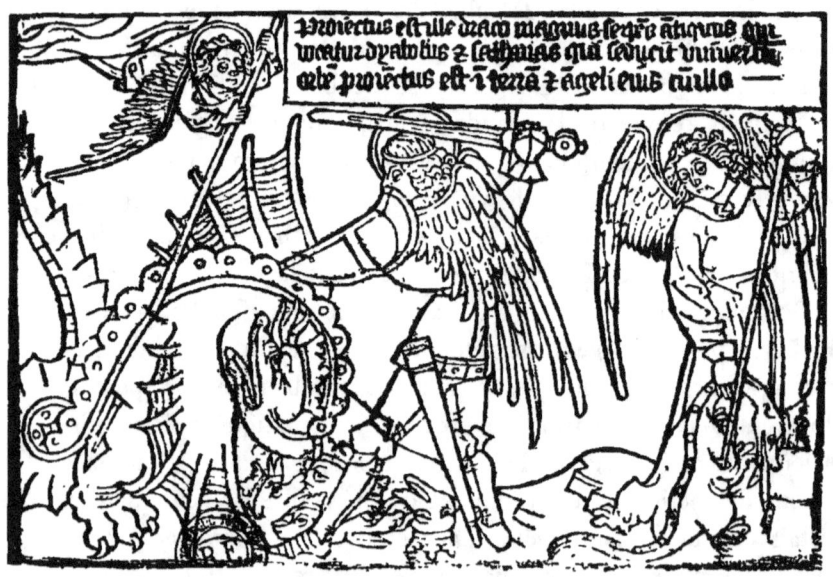

Apocalypse, 3e édit., pl. XXIV. Saint Georges à la croix bourguignonne.
Ange de droite, dans la pose du Saint Georges, p. 113. Ange de gauche, dans celle du Saint Georges de Dijon, p. 102.
Tête du dragon, inspirée de la Gueule d'enfer du *Parement de Narbonne* au Louvre.

des fonds ornés, et à représenter, en costumes, ce qui pouvait le mieux être compris du public ordinaire. On tailla l'onciale jusque vers 1380, et après, la minuscule gothique.

Les clichés de ce genre, obtenus dans le métal, servaient aux *lieurs* en s'appliquant à chaud. Le procédé ne paraît pas avoir été employé avant le milieu du XIVe siècle. Les épreuves sur papier qu'on en rencontre sont tirées, d'après nous, très postérieurement ; l'oxydation des planches constatée par le grumèlement de l'encre le montre, et leur encrage en *gras* le confirme.

Il s'ensuit que le papier, l'encre, les filigranes, les coloriages ne comptent que comme une présomption additionnelle à des preuves d'un autre ordre critique. Ces preuves sont l'esthétique générale, les costumes, les écritures, la paléographie des abréviations, des ponctuations. Les principaux éléments de comparaisons doivent être, par ordre d'importance : les manuscrits à origine et à date certaines, les sceaux, les tombeaux, les sculptures et les peintures. Ces deux dernières classes de documents, le plus souvent sans millésime et sans nom d'artiste, n'ont qu'une valeur très relative. L'extrême mobilité des praticiens dans les pays de leur langue, leurs déplacements incessants donnent lieu à beaucoup de méprises. Les Flamands à mi-chemin de France et d'Allemagne[1] ont égaré aussi beaucoup de savants éclairés.

Dans une œuvre incunable, l'inclinaison miniaturale des corps, la simplicité des lignes, l'absence de plis et de contorsions ; les extrémités longues et grêles et les têtes trop grosses, témoignent généralement d'un travail franco-bourguignon du xive siècle[2]. Dès le xve siècle, les Flandres imposent à l'Allemagne et à la France les plis brisés, les attitudes raidies, et aussi les étoffes tailladées, que les Italiens connaissaient dès le milieu du xive siècle.

En ce qui concerne le bois Protat :

— Trois présomptions importantes. La trouvaille à un endroit spécial dans des conditions qui enlèvent toute idée de fraude et de supercherie. La vraisemblance que le bois dormait là depuis 1793.

— La vouge suisse du soldat, qui, par sa singularité, nous rap-

1. Notons ici, en passant, que le « pays d'Allemagne » est, au xive siècle, aussi bien la Gueldre que la Franconie. Le langage des Néerlandais est compté pour dialecte germanique par les Bourguignons de 1380, à mon sens le marchand « des Pays d'Allemagne » cité page 71 était un Brabançon ou un Gueldrois.

2. Voir le récent article publié par M. Kleinclauz dans la *Gazette des Beaux-Arts* (numéro de mars 1902).

proche d'un lieu connu, et dont la présence en Bourgogne s'explique historiquement et chronologiquement.

— L'inscription en onciales qui ne peut être postérieure à 1380 d'après toutes les constatations faites sur les monuments datés.

A ces présomptions s'ajoutent : L'habit du centurion, sa coiffure, sa plume, son épée, ses boutons. Le bacinet du soldat, la cervelière de l'archer, retrouvée rarement dans cette forme spéciale après 1390. Les plates, les gambisons qui sont ceux d'une statuette dijonnaise, la découpure des habits qui est aperçue dans les monuments bourguignons, les fonds losangés identiques à ceux d'une pierre tombale de La Ferté-sur-Grosne.

Et enfin l'allure des personnages, leur pose miniaturale, les lignes simples de leurs habits, la simplicité naïve du travail, la perfection du dessin, et surtout L'ABSENCE ABSOLUE DE TAILLES D'OMBRE sur l'une et l'autre face de la planche tabellaire.

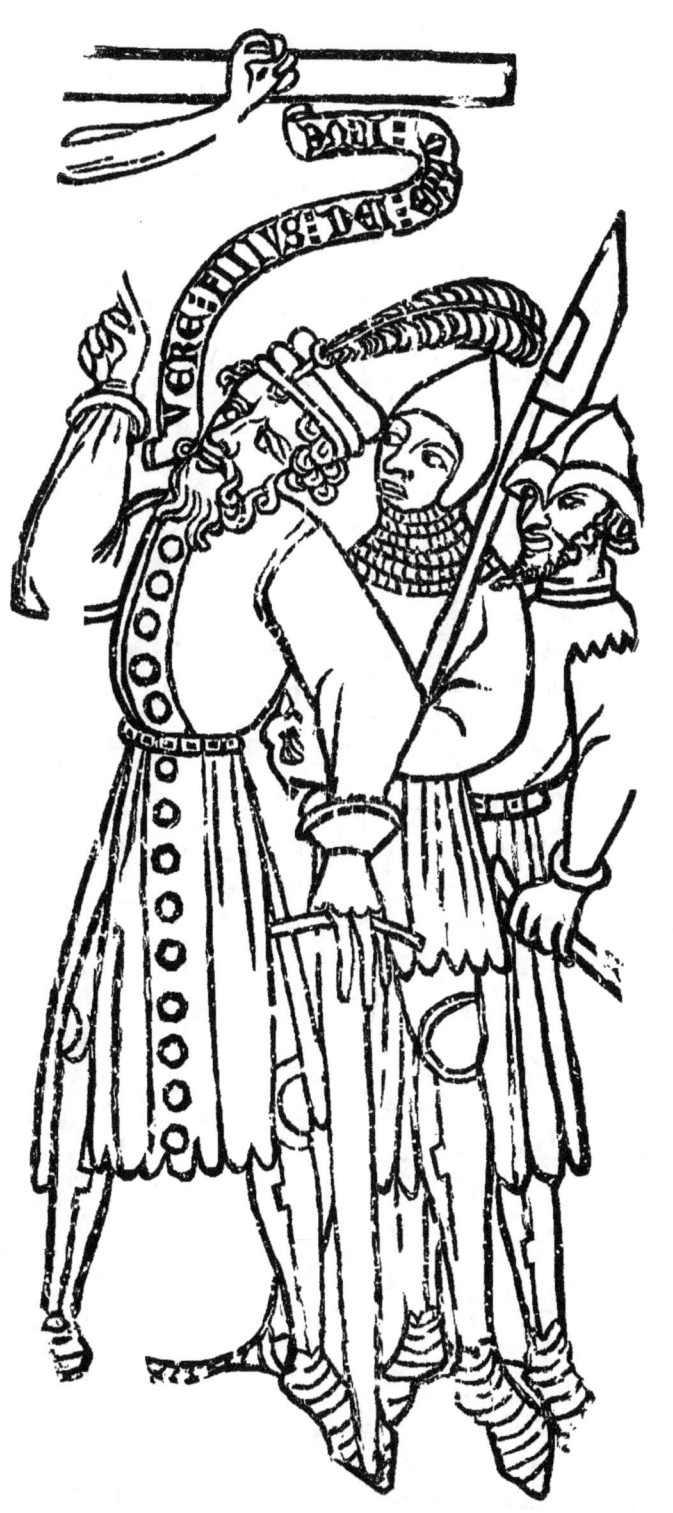

ADDITIONS ET ERRATA

La planche hors texte représentant la toile de l'*Histoire d'Œdipe* nous a été gracieusement prêtée par M. de Saint-Arroman, chef de bureau au Ministère de l'Instruction publique, sur la prière de M. F. de Mély, mon très aimable confrère.

Page 64 (figure). Lire *Flandres*, au lieu de *Picardie*.

Page 80, ligne 5. *Son neveu* Louis II d'Anjou, et non *son fils*.

Page 86 (figure). Remarquer le pavage de la miniature et le comparer à la décoration de la figure, p. 52.

Page 90. Légende de la figure. Lire *Cardereira*, au lieu de *Candereira*.

MACON, PROTAT FRÈRES, IMPRIMEURS.

www.ingramcontent.com/pod-product-compliance
Lightning Source LLC
Chambersburg PA
CBHW071549220526
45469CB00003B/960